KB269352

온몸초심이야기

은둥초삶이야기

강태욱 우경태 윤경세
이화규 정동근 황재철
함께 씀

'운동초심이야기' 집필자들

순서

1부
운동, 나의 삶이 되다
- 나의 운동초심이야기

이명박 정권의 출범과 동시에 시작한 '운동초심모임'이 47개월을 지나고 있습니다.

'운동초심모임'은 2007년의 총선과 대선에서 민주-진보진영이 극우-보수진영에게 패배하고 나아가 제도정치권에 진출한 진보진영이 분열하는 모습을 보며, 민족민주열사정신-사심 없이 민족과 민중을 위해 심신을 다 바쳤던 운동의 첫 마음을 회복하는 데서 출발하여, 이러한 운동의 첫 마음을 견지하고 강화하며 확산시켜야 한다는 의지를 모은 주체들의 모임이라 하겠습니다.

이러한 모임의 취지에 따라 매월 진행하는 전체 모임에서 민중가요를 부르고 정세 교양과 공동 실천을 결의하며 두 달에 한 사람씩 '초심이야기'라는 이름으로 운동적 결의와 실천을 중심으로 한 '살아온 이야기'를 진행했습니다.

이번에 엮게 된 《운동초심이야기》는 그간 진행한 20여 명 중 여섯 사람의 '초심이야기'입니다. 이 책을 엮으면서 '운동초심모임'이 세운 출판 목적은 다음과 같습니다.

1) 초심이야기 1탄 집필 회원들의 구체적이고 진솔한 자신의 재
   정리와 올바른 삶에 대한 결의를 다짐한다.

2) 진보진영을 비롯한 민중-대중들에게 운동초심에 대한 확산과
   귀감을 꾀한다.
3) 운동초심모임에 대한 위상 재고와 회원 확대, 재정 확보의 계
   기를 삼는다.

　책을 펴내는 일이 쉬운 일이 아닌 걸 알면서도 살짝 욕심을 부린
측면도 있습니다. 하지만 2012년의 중요한 정치일정인 총선과 대
선을 앞두고 '운동초심모임'의 취지와 의의를 널리 알리고 싶은
마음을 모아 이번에 여섯 사람이 집필을 감행(?)하게 된 것입니다.
　우리 집필자들은 작가나 글쟁이가 아닐뿐더러 어떤 면에서는 평
범한 사람들 중에서도 글을 못 쓰는 사람들 축에 속합니다. 글 솜
씨가 미흡하더라도 이해해주시길 바라며 집필자들의 다양한 삶과
실천 그리고 고민과 갈등을 나름대로 진솔하게 담은 노력의 산물
이라 생각해주시기 바랍니다.
　우리 집필자들을 포함하여 '운동초심모임'의 모든 회원들은
2012년의 총선과 대선에서 진보-민주진영이 단합, 야권단일화를
꼭 이루어 압도적으로 승리할 것을 간절히 희망하고 있습니다. 이
를 위해서는 진보-민주적인 정당들과 소속된 모든 성원들이 국민-

민족-민중을 위해 복무한다는 자세로 사심 없이 총선과 대선에 임해야 할 것입니다. 이 책《운동초심이야기》가 이러한 운동의 첫 마음을 확산시키는 데 작은 역할이나마 했으면 좋겠습니다.

끝으로《운동초심이야기》에 대한 추천의 글을 흔쾌히 수락하시고 정성을 다해 자상하게 써주신 박종렬 목사님께 깊은 감사를 드립니다. 또한 바쁜 생활 가운데 못 쓰는 글을 쓰느라 고생하신 집필자 여러분과 많은 관심과 조언을 해주신 회원님들, 그리고 지역의 선후배 동지 여러분들께 감사드립니다.

여러분! 우리 함께 2012년 민주-진보진영의 총선-대선 승리를 향해 힘차게 나아갑시다!!

2012년 1월

운동초심모임 회장 영야 정동근

운동초심 동지들의
'투박한 인생역정_{人生歷程}'을 읽으며

박종렬 목사(인천민주화계승사업회 이사)

운동초심 동지들이 자신들의 삶의 역정을 책으로 낸다고 한다. 더구나 자신의 삶의 애환과 불행했던 청소년 시절을 굳이 밝혀가며 책을 내겠다고 결심한 동기가 무엇일까 매우 궁금해지는 것이다. 많은 사람들이 자신의 자서전은 인생을 마무리하는 노년의 나이에 자신의 삶을 정리하는 마음으로 글을 쓴다. 무언가 남기고 싶은 인생의 깊은 사연들이 있는 이들의 전유물이기도 한 것이 자서전이지 않는가.

그런데 이들은 노동운동에, 민주화운동에 참여하게 된 계기가 새로운 인생의 전환점이었음을 말하고 있다. 그리고 이 운동에 참여하게 된 인생의 전환점에 참 삶의 희망과 목적이 있었음을 다시 깨닫고 이를 우리에게 보여주려 하는 의도가 있는 것은 아닌가.

그보다는 과연 오늘 우리 시대에 운동에 참여했던 사람들이, 운동을 통해 인생이 바뀐 사람들이, 그때의 진심과 열정과 꿈으로 이 시대를 살고 있는가를 스스로 묻고 그들이 운동에 투신했던 그 초심으로 인생을 살아갈 결심과 함께 모든 분들이 여기에 동참할 것을 호소하는 마음도 담겨 있는 것 아닐까 생각해보게 된다.

더 나아가 민주화에 역행하는 현 정부의 권위주의적 악령들이 자신들의 운동의 초심을 재각성시키고 있음을 알리며 2012년의 총선과 대선에서는 이런 불행한 사태가 일어나지 않도록 다짐하는 마음도 담겨 있다. 또한 노동자들과 이 세상에 억압받고 소외된 가난한 이웃이 역사의 주인으로 나서는 운동의 초심을 과감하게 선포하고 있다.

운동초심 회원 중 여섯 분이 상처투성이 모습 그대로 자신의 삶을 들추어내기로 결심했다.

인천에서 노동자로 그것도 대공장이 아닌 소규모 공장에서 열악한 노동생활을 하며 노동운동에 뛰어든 정동근, 황재철, 윤경세 세 분과 나름대로 독특한 민주화운동에 참여했던 경험이 있는 강태욱, 우경태, 목사 출신 이화규 세 분 등 다양한 자신의 삶을 그려내고 있다는 것도 이 책의 독특한 점이라면 독특한 점이다. 전혀 어울리지 않을 것 같은 분들이 "운동의 초심, 첫 마음으로 나가고 싶다"는 그 마음에 함께하게 되었다는 것이다.

그들이 운동에 투신하게 된 동기는 모두 다양하나 공통된 것이 있다면 이 세상의 불의와 억압에 항거하고 가난한 노동자들을 인간 대접하지 않는 노동 현장에서 했던 투쟁 체험일 것이다. 그들 여섯 분의 인생역정을 요약해보겠다.

매우 감성적인 청소년이었던 강태욱 씨는 고등학교 시절 교련시간에 군대식 기압과 폭력을 당한 것을 몸서리치게 기억하며 "나는 박정희가 싫어요"라는 글을 카페에 실을 정도로 권위적인 정부에 대해 적개심을 품고 인생을 살아온 것 같다. 학창 시절 공부도 잘했고 자신의 출세를 위해 실력을 발휘하려면 얼마든지 자신의 실력을 갖출 수 있었는데도, 더구나 교사로서의 안정적 삶을 영위할 수 있었는데도, 이를 과감하게 내팽개치고 여러 직업을 전전했다. 오랫동안 해외에도 많이 나가 있었던 경험이 있는 분이다. 그 가운데 인연을 맺었던 분들과의 운동적 만남도 매우 다양하다. 주류 기독교에서 소외된 목사, 부목사, 전도사들을 위한 '기독노조' 결성을 시도한다든가, 새로운 정치를 위한 참여로 창조한국당 창당에 참여한다든가, 경기교육감 당선운동, '촛불당'에 참여 등등 정신없이 이곳저곳에 운동의 불꽃을 피웠다. 그러다 운동초심과 만나게 된 것이다. 이제 한 시민으로서의 생활정치를 시작할 마음으로 요즘은 '고국민주마당'이란 카페를 운영하며 해외를 다니며 만난 동포들에게 민주화에 동참하게 하는 운동을 시작하고 있다.

1961년생으로 아직 미혼인 우경태 씨는 경북 의성 출신이다. 안중근 의사의 동지로 안 의사의 의거를 도운 우덕순 의사의 직계 후손(단양 우씨)으로, 지난 92년 권중희 씨가 백범 김구 선생을 암살한 안두희를 다시 응징한 후 펴낸 《역사의 심판에는 시효가 없다》 책을 읽고 민족 문제 현실에 눈을 떴다고 한다. 아마도 우덕순 의사의 애국지사 피를 이어받았는지, 민족정기를 바로잡는 일에는 어떤 곳이라도 마다하지 않는 열정을 보여주시는 분이다. 1992년 인테리어 사무실을 열고 현재까지 '통일종합공사'를 운영하시면서 생계를 유지하는 것 외에, 조문기(독립지사, 민문연 이사장)·곽태영(민족투사) 선생을 모시고 박정희기념관 건립반대운동, 친일파 박흥식(광신고 설립자)·김석원(성남고 설립자) 교내동상철거운동을 성공시켰다. 또한 2001년 곽태영 선생과 함께 탑골공원에 민족정기를 위하여 박정희가 쓴 삼일문 현판을 철거하는 데 주도적인 역할을 했다. 2002년도에는 미군장갑차살인사건 범대위에서 집행위원으로 참여, 매일 광화문 교보문고 앞에서 촛불집회를 개최하며 노무현 대통령의 당선에 일조한 경력도 있다.

이화규 씨는 보수적 기독교 집안(부친이 장로였던)의 장남으로 태어나 유년시절 예의바르고 경우에 어긋나는 행동을 한 적이 없는 모범생이었고 그래서 신학대학에 입학하여 목회 준비를 하는 청년이었다. 그러나 학내 신학 서클에 참여하면서 장청운동, EYC 활동, 교회청년모임 등을 하면서 사회 참여에 관심을 보이던 중 부모님의 운동 참여를 가로막는 충격적 사건을 겪으면서 운동에 대한 다짐과 각오가 더욱 굳어졌음을 보여준다. 그의 얘기를 옮겨본다.

"조금 우습긴 하지만 2층 나의 다락방에 들어선 순간 생각이 바뀌었다. 그동안 애지중지 용돈 아껴가면서 사모아두었던 소중한 책 500여 권이 몽땅 사라져버렸던 것이다. 순간 숨이 멎는 것 같았다. 아마도 나를 다시 받아주는 조건으로 보수성 강한 아버지가 동네 고물상 아저씨를 불러 리어카에 나의 생명과도 같은 책을 다 헌납하신 것이다. 아! 순간 이것이 정의에 눈을 뜨게 하는 나의 첫 번째 탄압이로구나 절망감이 밀려왔다."

"내가 존경하는 노교수께서 하신 말씀이 기억난다. '삶이 반영되지 않은 신학수업이란 이미 생명력을 상실한 것이다. 그렇기에 언제나 신학하는 사람의 고민은 삶에 있어야 하며, 삶에 뿌리를 내리고 있을 때 비로소 참된 신학을 낳을 수 있을 것이다.' 이러한 노력과 고뇌로 나의 주어진 길을 갈 것이라고 결심한다."

현재 그는 12년간 목회하던 교회 문을 닫고 학원을 운영하며 그
작은 공간에서 공동체 모임을 갖고 민주화운동에의 참여와 운동
초심의 삶을 시작하고 있다.

윤경세 씨는 "75년 4월 내 나이 15살 무렵"이라 적고 있어 아마
1960년생이 아닌가 생각된다. 그동안 그의 인생은 폭력적 아버님
을 피해 외가에 오신 어머님마저 가출하고 눈칫밥 속에 자라며 학
비를 대줄 분이 없어 학교도 제대로 못 나오고 돌봐줄 사람도 없어
이 세상에 외롭게 내던져진 가출 청소년 같은 청소년 시절을 보냈
다. 더구나 불량 청소년으로 낙인 찍혀 경찰서에서 친구들과 두들
겨 맞으면서 허위자백을 강요받고 감옥 생활까지 했단다. 그 후 인
천으로 올라와 다방에서 먹고 자고 하며 생활하는 밑바닥 인생을
시작했다. 그렇게 10년을 방황하다 1985년에야 노동운동을 만나
새로운 삶을 열게 된다.

1985년경 다시 인천으로 올라와 주안에 있는 커피숍에서 일하게
되고, 이듬해에 5.3사태를 목격하면서 사회정치에 관심을 갖게 되
고 박종철 고문사건, 노동자들의 농성장, 6.10민주항쟁 등에 참여
하며 보이지 않게 시위대를 지키고 함께 시위도 하는 사람으로 변

하기 시작했다고 한다. 그는 당시의 자신의 처지를 이렇게 말하고 있다.

"그 후로도 몇 번 유인물을 보고 내가 나타나면 사람들이 수군대며 흩어지는 것을 보면서도 그들에게 물어보았지만 오늘 집회가 없다며 사라지곤 하였는데, 당시 사람들은 나를 연고도 없고 집회만 있으면 나타나니 프락치로 오해한 것이었습니다. 그 후 답동 성당 앞에서 시위가 있다고 해서 참석했습니다. 시위를 하던 중 경찰 진압에 밀려 성당 안으로 들어가서 점거 농성을 했는데 노동자, 학생, 시민으로 나누어 규찰, 교육, 회의를 진행하며 농성했습니다. 그러다 80년도에 만나던 친구 동진이를 농성장에서 우연히 만났습니다. 동진이도 깜짝 놀라 하더군요. 너무 반가워 둘이 한참 이야기했습니다. 그러다 들은 얘기로는 친구가 주위에서 프락치라고 의심하여 나를 친구라고 제대로 말을 못 했답니다."

6.10민주항쟁 이후, 노동자 대투쟁이 전개될 때 노동운동의 농성 현장에 항상 나타나 모든 궂은일을 마다하지 않은 윤경세 씨는 내가 목회하는 사랑방교회에도 자주 나와 노동운동 교육도 받았던

모양이다. 인천지역해고노동자협의회 시절에는 해고된 노동자들의 먹거리를 제공하는 주방 일을 도맡아 했고 몸소 50여 명이 일하는 꽃 제조회사 공장에도 들어가 노동운동에 앞장서고 인금인상 농성도 주도하며 성장해갔다. 그러다 더 큰 공장에 들어가 보려고 나왔다가 곳곳에서 터지는 노동현장의 농성에 참여하느라 여기저기 돌아다니다가 89년 2월 말경 6공단에 있는 동명통상에 다시 취직을 한다. 그곳에서 또다시 친구가 노조결성 운동에 참여를 부탁해 동참하게 된다. 그렇게 그는 인천의 모든 노동현장에 참여하지 않은 곳이 없을 정도로 노동현장을 쫓아다녔다. 이제는 블랙리스트에 올라 들어갈 노동현장이 없다고 한다. 그의 소박한 운동초심의 마음을 마지막으로 적어본다.

"현재 '운동초심모임'에 수년간 함께해오며 2012년 총선, 대선에서 이 나라의 정치 변화를 위해 작은 힘이나마 보태보려고 움직이고 있습니다. 지금은 비록 도시에 있지만 농촌에서 태어난 나로서는 흙냄새를 잊을 수가 없습니다. 그래서 작은 규모지만 과수 농원을 일구고 있고 아울러 몇 천 수의 닭도 키우고 싶습니다. 소망이라면 스러져가는 이 땅의 농업기반에 자그마한 활력이라도 주고 싶다는 겁니다."

정동근 씨도 노동운동을 시작한 직장인 '동보전기 입사'(1984년 10월 5일)가 인생의 전환점이 되었음을 숨기지 않는다. 그가 말하는 그 전의 인생은 말 그대로 밑바닥 삶을 전전하는 것이었다. 간략히 적어도 삶이 그려진다. 중학교 1학년 중퇴, 식당 보이, 군밤장수, 신문배달, 구두닦이, 시청-동사무소 사환, 무작정 상경, 웨이터, 8년의 직업군인, 공무원 시험, 노가다, 동두천의 삼환, 오산의 아주파이프, 수원의 동진산업, 인천의 대성목재를 거쳐 동보전기에 입사한 것이라 적고 있다.

정동근 씨는 동보전기에 입사하여 동보전기 노동조합을 결성하고 이에 대한 탄압에 맞서 "체불임금 청산! 민주노조 탄압 중단! 실업대책 마련!" 등을 요구하며 14명의 노동자가 부평4공단 상임이사실을 점거 농성하다가 검거된다. A급 양심수로 분류되어 인천구치소에 수감되자마자 박영진 열사의 분신 소식을 듣고는 첫날부터 단식투쟁으로 저항하기도 했다. 더구나 교도관에게 집단폭행당하는 한 소년수를 보고 "때리지 마! 개새끼들아!" 하고 외쳤고 전 사동의 수감자들이 동참하여 "때리자 마!"라 외치며 창살을 두드리는 '소내 대중투쟁'을 전개한, 불의를 눈뜨고는 못 보는 의분을 가진 분이다. 더구나 학생 출신 수감자들이 권해준《전태일 평전》

과 유동우 선배의 《어느 돌멩이의 외침》을 읽고 난 후 심한 열병을 앓으며 왼쪽 팔뚝에 '노동운동'이라고 면도칼로 새겨 넣었단다. 그때 성경책도 읽으며 청소년 시절의 돈독한 신앙심을 진보적 신앙심으로 자신의 삶을 정리할 수 있었다고 한다.

그 후 인천지역노동자연맹에 참여하고 인천지역기독노동자연맹에서도 사무장으로 활동하면서 조국통일의 길에 함께할 의지로 조국통일범민족연합에도 참여하게 된다. 지금은 택시노동자로 일하면서 인천민주화운동계승사업회 이사로도 참여하고 운동초심모임을 발의하여 민주화에 역행하는 정치현실에 성찰의 계기를 만들고 운동의 초심으로 돌아가 새롭게 운동에 동참할 것을 촉구하고 있다.

황재철 씨는 경상북도 소백산 아래 작은 마을 농사꾼의 첫 번째 아들로 태어났다. 어릴 때 돈이 없어 굶는 것을 밥 먹듯이 하여 자신의 키가 160미터밖에 안 된다고 자신의 열등감을 요즘도 말하곤 한다. 겨우 중학교는 졸업할 수 있었으나, 상급학교 진학은 엄두도 못 내고 직업 전선에 뛰어들어 부산에서의 노가다 목수일, 태백시에서의 탄광 광부로서의 막장 인생살이를 하다가 1986년 늦봄 인천으로 왔다고 한다. 그때 신문에 '인천사태'(5.3사태) 기사가 나왔는데 그 기사를 보면서 막연하게 자신의 운명이 바뀔 것 같은 기분을 느꼈다고 한다.

그 후 한독금속에 입사하여 기숙사 생활을 하면서 학생 출신 위장취업자들과 사귀게 되었다. 이때 순박하고 투박한 노동자의 성정이 발휘된다. 노동운동 모임에서 자기소개를 하면 모두 해고자들이라 하기에 그들 중에 똑똑한 여성들과도 알게 되면서 나도 해고되면 그런 여성과 사귈 수 있겠지 하며 해고되기를 결심했다는 것이다.

그리하여 한독금속 노동운동 활동가를 만나 노동조합을 결성하고 위원장까지 하게 된다. 한독금속 노동조합의 결성은 87년 6월 민주화운동 이후 두 번째 민주노조 깃발을 꽂게 되어 전국 신문에도 보도된 모양이다. 이때부터 노동자 대투쟁이 전개되면서 노조위원장 모임을 주도하고 노동법개정 전국노동자대회를 여는 지역대표로도 활동한다. 그때의 일화도 그의 투박함을 보여준다. '노동해방' 혈서를 지역대표로서 함께 썼는데 흥분한 나머지 너무 깊이 찔러서 피가 많이 나와 나중에 지혈을 해야 할 정도였다는 것이다.

그 후 황재철 씨는 인노협 의장을 사퇴하고 한독금속 노동조합 위원장도 사퇴하고 회사가 폐업이란 흉기를 들고 함께 죽자는 작전을 벌일 때 그에 맞서다 인천구치소에 구속되기도 했다. 그때 감옥에서 '인노협' 의장으로 피선되어 석방 후에 활동을 계속했다고 한다.

그러나 불행하게도 그에게 시린 계절이 닥친다. 아버님이 세상을 떠나고 어머님을 인천에서 모시고 있었으나 한독금속 정상가동 요구 투쟁 중이라 바쁠 때 일이다. 1990년 2월 8일 자정을 넘어 새벽에 교통사고를 당한 것이다. 그 사고로 부평 세림병원 중환자실에 입원하여 4개월 동안 의식불명 상태로 있었고 뇌수술을 3번이나 받고 겨우 회생된다. 세광병원(현 사랑병원)에서는 코뼈제거수술도 받았다.

퇴원은 했으나 블랙리스트에 올랐기에 공장 취직은 힘들었고 공공근로와 겨울에는 붕어빵과 어묵 포장마차 등을 하며 지역 선배들의 도움을 받으며 전전한다. 힘겨운 삶을 술로 달래다 알코올중독에까지 이른다. 다행히 자활후견기관에서 일할 것을 제안하여 요즘은 학교 화장실과 복도 청소를 했고 '도배, 자활농장, 간병, 골판지 박스제도' 등 다양하게 일하며 마음의 안정을 되찾아가고 있다. 더구나 가정을 방문하여 환자를 돌보고 청소, 환자 목욕 등의 봉사를 하며 부처님 마음을 배워가고 있다며 "그래서 나는 행복해졌다"고 웃으며 다음과 같은 말을 덧붙인다.

"운동초심모임이 해야 할 중요한 역할 중에 하나는 다시 믿음을 주는 것입니다. 우리는 떨어져 고립되어 있을 때 아무것도 아니며 아무 일도 할 수 없는 개인으로 전락해버립니다. 하지만 열심히 살아가며 변혁 운동을 해온 동지들, 선배님들, 후배님들과 함께하므로 작은 힘, 작은 일이 큰 힘을 발휘하고 결국엔 큰일을 할 수 있습니다. 그 연대의 믿음을 심어주는 게 '운동초심모임'의 가장 큰 역할이라 생각합니다."

이렇게 그들의 인생역정을 간략하게 서두에 소개하는 것은 운동초심 동지 여섯 분의 글을 다시 꼼꼼히 읽어볼 충동을 느끼게 하고 싶은 마음에서다.

우리 스스로 운동에 참여하면서 각자가 치열하게 고민하고 투쟁하며 살아왔는지 서로 잊어버릴 때가 너무나 많다. 운동초심의 이분들이 자신들의 이야기를 책으로 낸다고 할 때, 과연 그들의 이야기가 얼마나 읽을 가치가 있을까 의문을 가졌다. 그러나 그들의 글을 읽으며 새삼스럽게 그들의 가슴에 아직도 들끓는 운동에 대한

열정이, 민주화와 노동자들의 인간다운 삶과 세상의 정의를 위해
소박하게 헌신하는 그들의 모습이 선하게 떠오르는 것이었다. 그
리고 그들의 이야기에서 감동과 함께 우리 모두 서로 더욱 사랑하
는 관계를 만들어가며 나 또한 운동의 초심을 되살리는 계기가 되
었다. 그리고 운동을 사랑하는 마음을 책을 통해 우리에게 사랑으
로 전달하고 있다는 생각이 번뜩 들었다.

용기 있는 운동초심 동지들이여! 사랑한다. 그대들을……

운동, 나의 삶이 되다

- 나의 운동초심이야기

작은 힘을 보태며
연대의 큰 내가 되길

강태욱

출생과 청소년 시절

　나는 경남 사천에서 태어났다. 그러나 그곳에 대한 기억은 가물거린다. 아버지는 당시 지역의 사학고교에서 교감을 맡고 계셨다. 그런데 재단의 분규 과정에서 부당하게 퇴임을 당하셨다. 여섯 식구의 삶이 당장 생활조차 영위하기가 어려웠다. 어쩔 수 없이 막내인 나는 어머니 손에 이끌려 서울 외가댁으로 가서 자라며 초·중·고를 서울에서 다녔다. 그래서 사천에 대한 기억이 적다.

　물론 아버지는 그 당시 교직에서 나와 쉬시면서 사천의 큰아버지 댁에서 3년간 농사일도 도우다가 근무하셨던 학교로 돌아가셨다. 재단이 수습되고 이사 진영이 바뀌어 다시금 복직된 것이다. 그리고 정년퇴임 시까지 근무하셨다.

　사천에서 올라온 촌뜨기였지만 서울 초등학교에선 학급에서 공부로는 최상위였다. 4학년 때는 당시 서울시에서 동일한 문제로 치른, 요즈음 식으로 말하면 일제고사에서, 6개 반이 있던 학년 전체 1등을 한 것도 기억난다. 서울 소재 중학교에 진학해서도 학급에서 1등도 하고 중 3까지 5등 아래를 놓친 적이 없었다.

문제는 고등학교 때였다. 동일한 재단 학교였으나 상업계 고교로 진학한 후 적성이 맞지 않았다. 신촌서 함께 자라고 중·고교 시절에도 간간이 어울렸던 초등학교 동창들은 당시 경기고, 경복고 등 소위 일류 고교에서 일류 대학 진학 준비를 했다. 하지만 나는 허구한 날 주판을 만지고 경리 책, 부기 책을 풀어야 하는 것에 회의를 느꼈다. 그래서 학교 공부는 등한시하고 문학 서적만 들이파 읽으며 감성적 청소년이 되어갔다.

감성이 발달했던 시기, 건들면 터지는 시기였다. 그럴 때 박정희의 장기집권 획책과 김신조와 북한의 무장공비가 청와대 습격차 남파된 것이 도화선이 되어 고등학교부터 교련과목이 정규 교과가 되었다. 교련시간이 든 날은 학교 가기가 정말 싫었다. 대위 계급장 단 군인 셋이서 교사랍시고 학교 교문에서부터 규율을 잡았고 교실과 복도에서 걸리면 군대식 기합과 폭력을 해댔다. 학교가 군대 같았다. 그런 것을 보고 또 직접 당하다보니 적개심마저 들었다.

고등학교 시절 교정에서 친구들과 함께

다니던 고등학교를 자퇴하고 대입검정고시나 볼까 생각도 여러 차례 하고 어머니 아버지께도 말씀을 드렸으나 일언지하에 거절당했다. 학교는 출석 정도나 하며 졸업장이나 받아 나온다는 생각을 고교 2학년 때부터 가졌으니 학창시절이 무어가 제대로 되었겠는가? 그래서 옛 고교 시절을 회상하며 몇 년 전에 카페에 쓴 글로 그 당시를 대신해본다.

나는 박정희가 싫어요

나는 박통이 3선 개헌하고 유신집권을 하려던 그 한가운데서 고등학교 3년을 보냈는데 그때부터 인생 출발이 순탄치가 않아 지금에 이른 것 같다.

김신조 일행의 청와대습격 미수사태가 벌어진 뒤 전국 고교에 교련이 시행되었다. 모교에도 세 명의 교관이 왔는데 전원 대위 계급장에 녹색군복을 입고서 근무를 했다. 교련시간은 물론 여타 학교 내 생활에서 그들로부터 욕설과 기합, 구타 어떤 때는 폭행으로 하루하루를 넘겼으니 학교 가는 게 나로서는 거의 고문에 가까왔다. 지금처럼 대안학교라도 있는 시절이었으면 당장 학교를 포기했을 것인데 그러지도 못하고…… 만 3년 학창시절을 짓눌리며 산 것이다.

설상가상으로 최악질 교련 교관이 고 2, 2학기에 무슨 연유인지 1학기 담임은 타 학년으로 가고 이 자가 우리 반 담임이 되어 아침

저녁으로……. 학교생활은 이때부터 더 망가졌다. 지금도 오른 발목 안쪽 뼈를 손으로 만지면 툭 튀어나온 걸 알 수 있다. 오후 청소 시간 후 점검받으러 교실 복도에 신병처럼 줄서 있다가 교련교관 담임이 흠을 잡고 뺨이고 가슴팍이고 치면서 나중에는 군화발로 내 정강이 '쪼인트'를 놓았다. 그걸 피하다 잘못 비껴 맞아 발목이 부어 몇 주를 고생하며 절면서 걸어 다녔던 기억이 난다.

70년대만 해도 지금과는 사뭇 다른 관점의 학교나 교사(스승)라는 게 있어 군사교육 교관도 무늬라도 선생이었던지라 이건 어찌할 수도 없었고……. 영화 '말죽거리 잔혹사'를 보고서는 정말 당시 내 어두웠던 학교시절이―특히 학생들이 교련교사들한테 구타당하는 장면을 보고서―그대로 반추되는 것 같았다.

So I do not like Mr. Park!

개명한 현시대에 박, 전, 노통 그 이전에 이승만 할아버지까지 이 나라는 어찐 된 것이 이런 부류의 한 사람을 위하여 그 휘하에 손 비비며 머리 조아리고 빌붙어 먹는 몇 십, 몇 백 하수인들을 위하여 수천만 민중이 눈치보고, 당하고, 분개하고, 눈물 흘리고, 한숨 쉬고 했어야만 했는가? 나 같은 사람까지도――. 이 점 우리 모두가 깊이 생각, 아니 반성해보아야 한다.

요즘 박정희 자녀가 당대표가 되어서 왔다 갔다 하는데 이제 제발 안 보였으면 한다. 그 여자 보면 유신시대, 박정희, 가기 싫었던 학교 가서 교련복 입고 병영화된 울타리 안에서 더러운 욕 들어가며 두들겨 맞은 안 좋은 추억이 자꾸 떠올라서다.

수년 전 4인 당대표회담이 열렸으나 나는 개인적으로 전혀 기대를 하지 않았다만……. 365일을 회담해봐라. 아니 될 것을. 모양새나 갖추고 그냥 넘어가기 바란다. 여자 대표가 회담에 나와서 메모장에 적어온 그것에서 1cm 아니 1mm도 벗어나지 않고서 마이웨이만 주장했다고 하던데, 과거 박정희가 그런 식으로 자기 자리 모질게 지키면서 이 나라를 자기식대로만 끌어갔기에……. 부전여전, 무엇은 못 속이는 거다.

2007년에 정치적으로 가서 여러 가지가 정리정돈되어야 그나마 이 나라가 선진국 냄새라도 풍겨지지 않을까 한다. 다시 한번 얘기한다.

I do not like Mr. Park so much!

그리고 그 아버지의 딸 박근혜 의원이 대한민국 통령이 되어서는 안 되는 이유 몇 가지로는 이 나라가 조선인민민주주의공화국이 아니기 때문이다. 왜? 5000만 대한국민이 남로당에 가입하고, 군사 쿠데타를 일으키고 친일, 독재자로서 18년을 통치한 박정희의 자식에게 다시금 대를 이어 충성을 해야 하는가 말이다.

금세기에 아버지 통령 대를 이어 자식이 물려받아 성공한 국가는 한 곳도 없다. 미국을 보라. 아버지가 조지 부시 통령이어서 아들 부시가(역시 한국처럼 기독교 장로임) 8년간 재임했으나 미국 역대 최악의 대통령으로 나라가 2류 국가로 전락을 하고 있다.

중동과 북아프리카 몇몇 국가들 역시 아버지 통령 후 자식이 대를 이어 통치했으나 죄다 실패하고 국민적 봉기로 나라꼴들이 말이 아니다. 이러한 역사적 산증거가 있는데도 수구보수 언론과 여론의 장난질 그리고 이에 무비판적으로 동조하는 국민들로 인하여 왜곡된 선두주자로 만들어졌을 뿐이다.

고등학교를 마치고 청년 시절을 되돌아보며…

고등학교를 졸업하고 서울 소재 모 대학에 원서를 넣어 시험을 보았다. 하지만 시험은 형식뿐이었고 합격자 발표도 보러 가지 않았다. 가정형편이 대학 꿈을 꿀 상황이 아니었기 때문이다. 고교시절 어머니가 암으로 2년 넘게 병중에 계셨으니 집안 경제가 말이 아니었다. 아버지께서는 박봉으로 가정을 꾸리시는데 염치없이 대학을 간다고 할 수도 없었다.

고등학교를 졸업한 그해 봄, 어머니는 오랜 입원 후 퇴원하셨다. 그리고 병 요양차 아버지가 계신 사천으로 나와 함께 내려가셨다. 하지만 그곳에서 두어 달이 못 되어 운명을 달리하셨다. 나는 아버지와 함께 사천에 남게 되었는데 재수라고까지는 할 수 없지만 대입 공부를 틈틈이 했고 늦가을에는 서울 누나 집으로 임시로 올라와 학원에서 단과 과목 두세 개 정도를 수강했다. 그러면서 독서실에서 벼락치기 대입공부를 했다. 하지만 아버지는 수년간 어머니 치료비를 대시느라 빚까지 지신 상태였고 그나마 얼마라도 벌이가 있던 형조차 입대한 상태였다. 서울 지역 대학은 포기하고 진주 소재의 등록금 최저 수준인 사범계열 학교에 들어가 학업을 마치고 향후 교직에 발을 디뎠다.

지방의 소규모 학교는 교장이 바로 황제요, 교육 현장은 너무나 후진적이었다. 고교 시절과 마찬가지로 적응을 제대로 못 하고 몇 년을 지냈다. 그러다 88~89년도 전교조 태동기에 부산 근교 지역 학교에 근무하며 분연히 떨쳐 일어났다. 주위 동기생과 선후배 교사들에게 가입을 권유하는 회합도 갖기를 여러 차례, 당연히 교육청에 포착되었고 문제 교사로 낙인찍힌다. 우선 학교장을 통해 나를 압박해왔다. 하루는 아침에 교무실에 들어가니 내 책상의 자물쇠가 열려 있고, 서랍 안이 어지러웠다. 교직원 조회 시 일을 터뜨렸다. "어떤 새끼가 들어와서 함부로 내 책상 서랍을 열었는가?" 하고 강하게 발언을 했다. (물론 청 장학사가 와서 연 것은 알았다.) 당시 교장하고 그 장학사하고 동기이자 친구였는데 교장이 나에게 큰 소리로 무어라고 힐난했다. 나도 반말로 전 직원 있는데서 막가파식으로 고함을 쳤다. 그러기를 10여 분……. 그 일 후로 나는 학교에서뿐 아니라 교육청에서도 완전히 요주의 교사가 되었다.

그 지역에서 더 근무해야 이듬해 3월 신학기에 깡촌이나 섬으로 좌천될 것은 기정사실이었다. 아니면 교직을 걸고 전교조 태동 활동을 관내에서 독불장군식으로 해야 했다. 고민은 길지 않았다. 교직에 회의도 많이 들었고 수구 교육 관료들에게 계속 당하고 밀리느니 내가 떠나는 게 배짱에 맞는 거 같았다.

제24회 서울올림픽 부산축구경기 본부발단식(1988. 8. 24)

　　교사로 근무하며 수년간 틈틈이 영어를 공부했고 토플 점수도 상위권은 되었다. 사직서를 내고 호주로 떠났다. 그곳에서 3년간 낮에는 학업을 하고 오후나 밤과 주말에는 공장이나 숍에서 일했다. 말 그대로 주경야독이었다. 비록 10년 좀 넘은 짧다면 짧은 기간을 교직에 몸담았지만, 내가 싫어하고 피하고픈 건 교무실과 관리자 그리고 교육청과 장학사들이었다. 나름대로 교실과 학생들에게 성의를 다했다고 말하고 싶다. 80년대 후반 교육감상과 문교부(교육부) 장관 표창도 수상했으니. 그에 더하여 86아시안게임 88서울올림픽 통역자원봉사자로 몇 주간씩 활동했다.

　　과거 1970, 80년대와 비교해 지금은 학교 시설이나 교사 근무 환경이 장족의 발전을 했다. 하지만 현 교육 현장을 바라보면서 아래 글을 써서 나름대로 소회를 밝힌 적이 있다.

근간 학교 교육 현장이 과거와 같지가 않다고 하여…

꽤나 오래전부터 교실이, 학교가 죽었다고 한다. 그 원인이 누구에게 있겠는가? 대다수는 학교와 교사들 책임이라고들 하던데……. 아니다.

학생들의 수업권과 학생인권을 주장하면서는 학교에서 당연히 해야 하는 교사의 교육권, 훈육권은 무시하고 제대로 활용하지 못하고 외면, 방치했다. 또한 교육 현장에 몸담고 있으면서 직무유기를 했다. 그 탓에 이젠 십대 초 · 중반 아이들이 들판에 풀어둔 말처럼 학교 내에서 날뛰게 됐다.

지금 세대의 학부모들은 자식이 한둘이다 보니 귀엽다, 소중하다고 학교를 또 아이들 가르치는 일과 교사를 우습게 여기다 세상이 이 지경까지 되었다.

교사들, 교감, 교장은 잘못된 학생들의 학부모들이 전화를 하고 학교에 찾아온다고 피하지 마라. 밥줄 걸고 부딪쳐 그들과 싸워서라도 시험 결과만 중시하는 교육에서 탈피하라. 그깟 교사 자리 그만둔다고 굶어죽겠는가?

내 이웃집 십대 중반 아이, 그게 학생인지 양아치인지 대체 구분이 안 된다. 손자 귀엽다고 할아버지가 오냐오냐 하다가 손자가 할아버지 무르팍에 올라와 수염을 끄집어 당긴다는 웃어른들 얘기도 생각해보는 지혜로움이 필요하다.

서울시 교육감은 체벌을 전면 금지하고 학생인권조례를 만든다고 하던데…… 그 이전에 죽은 교실, 개판된 공교육 현장 그리고 묻지 마 막가파식 학생들을 바르게 이끌고 살리는 일에 먼저 나서야 한다.

교수 하던 사람이 이론만 가지고 교육 행정을 한다??? 조금 우려스러운 일이다. 교육이론서나 책대로 교육이 되고 사람 키우는 일이 된다면 세상은 이미 천국이 되었을 것이다.

해외에서 떠돌다

호주로 가서 3년을 지내니 체류 경비도 바닥을 보였다. 귀국하여 교직으로 돌아가는 건 불가능할뿐더러 그러기도 싫었다. 현지에서 알게 된 사회 후배와 목사의 소개로 호주에서 유럽으로 직행하기로 결정했다.

꼬박 하루를 비행기에 몸을 싣고 런던 공항에 도착했다. 런던의 우중충한 날씨만큼 여러 우여곡절과 어려움을 겪으며 서너 달을 일하고 유럽 방랑을 시작했다. '바르셀로나 올림픽' 기간 한 달, '세비야 엑스포'에 들어가 몇 주 그리고 프랑스 파리로 들어가 몇 주간 지냈다. 그러던 중 소개로 만난 베를린 교민과 의견을 나누고 합류한 후 유럽 내 웬만한 규모의 도시에서는 매년 열리는 국제박람회장(강남 코엑스나 고양시 킨텍스 같은 시설에서 1주일~10일간 행사를 한다)에 중규모의 전시 매장을 임대하여 한국 인삼, 여성용 장신구, 넥타이, 민속품 등을 도·소매하는 일을 3년 넘게 했다. 그 일을 하며 벌이가 적지 않았다. 하지만 유럽 내 여러 나라와 도시 간을 움직이는 경비, 고액의 전시회장 임대료, 중저급 호텔이라도 숙박비, 행사기간 한국전시관에 단기 근무하는 현지인 인건비 등

등으로 지출이 너무 커 손에 쥐어지는 돈은 별로 없었다. 게다가 일이 희망적이지도 않았다. 그래서 5년간의 유럽 생활을 접고 90년대 후반 귀국했다.

긴 외국 생활, 그중 5년의 유럽 생활을 되돌아보니 조금 보람이 되었던 일도 있다. 프랑스를 기점으로 주변국의 한국 입양인들을 여러 명 만났고 또 함께 일하며 나눈 대화로 그들의 깊은 아픔에 공감할 수 있었다. 그래서 파리 한인교회와 손잡고 적지만 재정지원도 해가며 입양인들 간의 모임과 소통의 장이 되는 기초를 만들었다. 그 모임이 지금의 유럽한국입양인 네트워크로 발전하는 밑바탕이 되었다.

그런 일도 하던 중에 기억에 남는 일도 있다. '수잔 브링크의 아리랑'이라는 책과 영화로도 알려진 스웨덴 입양인과 그 딸을 파리로 3박 4일 초대해, 프랑스 내 입양인들과 함께 여러 경험과 자라온 아픔을 나누었다. 얼마 전 수잔 브링크가 사망했다는 짤막한 신문 기사를 보고서는 마음이 아팠다. 당시 대여섯 살 난 딸 엘레노아가 이제 성인이 되었지만 부모 없이 자신의 길을 걸어가야 할 텐데 하면서…….

귀국 후 생활과 기독노조 활동

귀국은 했으나 마냥 쉴 수는 없었다. 인천의 모 성인영어학원에서 강사자리를 얻어 영어회화, 토익을 가르쳤다. 하지만 수강생 숫

자도 적고 학원 현상 유지가 힘들었는지 근무한 지 1년도 못 되어 학원은 문을 닫았다. 새롭게 국내에서 활동하기 위해 호주에서 유럽 가는 데 다리를 놓아준 후배가 혹시나 귀국했는지 서울 주소로 편지를 넣었다. 답신은 긍정, 수개월 전 귀국한 상태라며 연락이 왔다. 만나보니 그 후배는 국내 유통업에 손대어 막 시작한 즈음이라며 함께 키워보자고 제안을 해왔다. 그 사업을 함께 2년 가까이 영위해가며 유통 물량도 제법 늘어났다. 그런데 불행히도 후배가 여름휴가를 가다가 차량사고가 나서 사망했다.

후배가 유통 영업을 하면서 쓴 여러 건의 부채 등 뒷정리만 반년이 걸렸다. 정리를 하며 기존 거래와 재정 부분 내막을 들여다보니 너무나 얽혀 있었다. 혼자 끌고 가다간 내가 녹아나겠구나 싶었다. 폐업신고를 하고 얼마 후 유명 목사가 대표로 있는 모 기독교 자선 및 공동체 운동본부로 들어가 부장 역할을 맡았다.

기독교 단체에 들어가니 그곳도 일반 사회 구성과 별반 다를 게 없었고 실망할 만한 목사, 장로와 신학생들도 많이 보게 되었다. 하지만 이왕 발을 들였으니 좀 더 버티자는 마음으로 5년을 지냈다. 그러나 거기가 한계였다. 기독운동단체의 방향성과 내부적인 불화, 알력 등으로 2002년 하반기에 그만두게 된다.

기독교 단체에서 나와 몇 달 쉬면서 기독교계와 한국 교회, 내가 몸담았던 단체 구성원들에게 회의를 느끼고 있던 무렵 인천의 모 교회 목사가 기독노동조합을 결성한다는 소식을 인터넷에서 접했다. 반가웠다. 전국 단위 기독노조를 설립하는 것이 교회 개혁에 꼭 필요한 시기라 생각하고 찾아가 합류했다.

우선 수도권의 교회 내 부목사, 전도사, 교회 직원, 관리인 등의 부당한 해고나 임금 문제를 상담하며 현장에서 해결 가능성도 모색했다. 그러던 중 지방 교회 소속원들로부터도 방문과 상담 의뢰가 들어왔다. 부산, 대전 등에 지부 형태로 기독노조를 세워 외연을 넓힐 기회였다.

하지만 제동이 걸렸다. 기독노조 측과 중대형 교회의 알력이 커지게 된 것이다. 기독노조의 설립이 합당한가 하는 법적인 제소로 1년을 넘게 법원에서 끌고 갔으나 결국 "부목사, 전도사, 집사는 근로자가 아니다"며 서울중앙지법에서 기독노조를 설립할 수 없다는 판결이 내려졌다. 결과적으로 불법노조가 되어버려 이 부분에서 명분을 잃고 손을 떼게 되었다.

어떤 사람들은 나를 향해 소수를 향한 의외의 일을 도모한다고도 한다. 맞는 말이다. 몇 년 전 인천항에 들어온 세계의 여러 나라

둘로스호 선장과 자원봉사팀장과 함께

를 방문하는 자선봉사선 '둘로스' 호에 자원봉사자로 신청 후 여름 휴가 시 승선하여 1주일 넘게 세계 30여 개 국가에서 참여한 봉사자들과 배에서 일하며 교분을 나누기도 했다.

앞으로 여건이 조성되고 함께 참여할 사람들이 있다면 나의 경험을 살려서 하다못해 인천 지역 내 어려운 곳을 위하여 자그마한 물질이나 손과 발을 지원해줄 수 있는 소규모 단체를 만들어보고 싶다.

아래 글은 기독노조를 시작한 뒤 이를 키워나가 정착시켜보려는 의지를 글로 써서 여러 기독교 관련 카페들에 올렸던 걸 옮긴 것이다.

내가 기독노조를 함께하는 이유

주위에서 나에게 기독노조운동하면 밥이 생기냐, 떡이 생기냐 하면서 종교계는 자체 알아서 가도록 하고, 본인 살아갈 길이나 잘 챙기라고 한다. 하지만 하나님을 믿기 전까지 나를 전도해보려고 오랜 기간을 두고 그간 여러 사람들이 내 주위를 거쳐 갔던 것 같고, 예수 믿고 새로 태어나기(born again)까지도 쉽지 않은 여정을 거쳐왔다. 또한 나름 개인적으로도 상당히 어렵게 예수 믿고 지금에 이르렀다.

그런데 이런! 내 믿음이 허사가 될 판이다.

규모 있다는 한국 교회와 그 주류 지도자들이(자칭 지도자일 뿐) 한국 기독교에 던지는 어두운 그림자들이 점점 넓어지고 짙어지기 시작을 하는 것을 비록 평신도이지만 그래도 예수를 믿는다는 내가 그냥 두고 볼 수가 있는가? 하여 앞줄에 서서 가고 있다.

정의롭지 못하고 공평함에서 기울어져 있는 교회와 그 지도자들,

그래도 하나님과 그 말씀을 강대상에서 전하고 있으면서 상식에 벗어나 인권과 인격을 무시하면서 함께하는 교회나 단체의 일꾼들을 대하는 것을 그냥 잠잠히 두고 볼 수가 없어 기독노조와 함께하는 것이다.

내 바람은 단순하다. 제발 하나님을 입으로 말하며 주 예수 그리스도의 십자가를 앞세우면서, 교회에서나 기독교 단체에서 법도에 벗어난 비합리적이고 몰염치한 짓거리를 또 재정적, 인사적인 면에서 비상식적인 일들을 하지 않기를 간절히 바랄 뿐이다. 그렇지만 멈춤과 개선이 없이 계속해서 자행된다면? 그 다음 일어나게 될 일은 별로 생각하고 싶지 않다.

하나님을 입으로 말하고 내세우면서 성경에 비추어 주님이 고개 돌리는 일들은 이제는 그만들 했으면 하는 바람 너무너무 간절하다.

웬만한 교회에서 담임목사 하면 다들 먹고 살 만하지 않는가? 이 땅에 오늘내일 하면서 겨우겨우 살아가는 백성들이 천만에 이른다고 하는데 말이다.

나는 기독노조에서 본의 아니게 물러선 후 40년 지기 친구의 권유로 중국 청도에 여성용 장신구 공장을 어울려 세워 한때는 공장 현지 근로자가 150명이 넘기까지 했다. 내가 중국에 상주하기가 그렇고 친구와 번갈아 오가는 상황이어서 중국어를 제법 하는 한국인 공장장을 세워 운영했다. 하지만 3년이 지나자 문제점이 불거졌다. 수익은 났으나 현지 직원 150명에 대한 기숙사 제공, 인건비를 지불하면 별로 남는 게 없었다. 앞으로 남고 뒤로 밑지는 구조였던 것이다. 두 손 들고, 들어간 투자금 손절 후 결별했다. 다시금 야간 학원 영어강사를 하며 주간에는 학교에서 미국, 영국, 호주 등지에서 온 원어민 강사와 함께 영어 지도를 하는 강사직도 하게 되었다.

그런 가운데 베트남은 수년간 사업차 오가는 고교 동창생과 연계하고, 중국 상해는 인천의 사회 후배와 연계하여 국제유통 협력자로 관여해오는 와중에도 생활정치에 관심을 두고 '노사모' 온라인 활동과 오프 모임도 병행하며 나름대로 움직여 마침내 참여정부가 수립되어 흐뭇해하기도 했다. 그러나 5년간 여러 부침이 있었던 참여정부에 미흡함을 느끼고 2007년 대선에 보다 신선하고 덜 정치적인 인물을 대통령 후보로 내세운다는 나름대로의 취지로 문국현 당시 유한킴벌리 대표를 지지해보자는 온라인 카페 '문함대'를 개설했다. 카페는 처음 몇 개월간은 기껏 회원 수가 70여 명이었으나 문국현 대표가 대선 출마를 선언하자 하루 수백 명이 카페회원으로 가입했다. 두어 달 지나니 2만 명이 훌쩍 넘었다. 수도권을 중심으로 오프 모임이 형성되고 늦가을 무렵에는 전국적인 지지모임으로 커지며 결국은 창조한국당이 세워지는 데 적지 않은 힘을 보탰다.

하지만 새로운 정치 인물에 기대했던 우리네 보통 시민들의 바람과는 달리 급조된 당에서 선거운동에 따른 운영이 미숙했고 득표율 또한 저조했다. 그 후로 불거져 나온 당내 문 후보 측근과 외부에서 합류한 정치인들의 불협화음도 구태 정치의 재탕으로 비쳤다. 시민정당을 꿈꾸었던 나로서는 다음과 글을 당으로 보내며 마지막 손을 흔들어주고 뒤돌아서 나 홀로 독립군이 되었다.

창조한국당 문국현 대표와 당직자들 총사퇴에 부치는 글

창조한국당은 기존의 구태 정치판 당들하고 비교하여 차별화되는 게 전혀 없는 당이다. 창당 초기 한때는 시민정당으로서 새로운 정당으로 자기 매김 하기를 바랐건만 문 대표의 주위의 어설픈 폴리페셔들하고 정치낭인들이 당에 들락날락하다 보니 결국에는 지금의 (극)소수 정당, 타 정당에 더부살이하는 정당으로 전락했다.

우리는 언제 선진형 서구 정당처럼 다수의 당원들이 의견을 내고 정책을 제안하고 소액 당비와 후원금을 모아서 선거를 치르고 장수하는 정당을 가져보는가?

지금의 정당은 선거 때 만들어져 법적 정원을 메우는 종이당원만 무수히 채워져 있고, 금배지 노리는 입후보자들과 몇몇 정치꾼들이 돈을 들고 들어와 당을 만들고, 막대한 국고정당보조금 받아서 쓰는 그들만이 좌지우지하는 정당이 공당인가? 이는 그저 사설단체일 뿐이다!!

대한민국 아사리 정치판에서 그나마 정치다운, 즉 투사다운 정치를 해보려면 '아니다' 싶으면 모가지에 칼이 들어와도 누가 돈, 이권 싸들고 찾아와도 '노'라고 하면서 배 째라 하고 정면승부로 나아가면 그래도 국민으로부터 나름대로 지지를 얻을 수가 있다. 정직하고 양심 있고 학식과 합리성으로 정치한다? 안 되는 건 아니지만 그러려면 이 나라에는 주위에 워낙 양아치, 철새, 줄서기, 낡은 정치꾼들이 많다보니 정치 독립군 대장식으로 맞서야 한 역할이라도 수 있는

데…….

문국현 의원님??? 그러실 수 있을까? 대선 직후 웅크리고 머리 싸매고 고민하시지 말고 바로 칼을 빼어들고 '나 죽기를 각오한다. 다시금 나를 따르라' 했으면 지금의 창조한국당 모양새는 나오지 않았으리라 여긴다.

창조한국당 형성 초창기 무렵 당시 도 단위 창당식에 갔더니 문 대선후보 주위의 인사들? (아마 지금의 비례대표 후보들인가?) 뭐가 대단하다고 평당원들이나 지자들에게 모가지에 힘주고 나중 들어보니 문 후보 주위 맴돌며 한자리 차지하려고 지네들끼리도 세력 싸움하고 거시들을 떨었다고 하더라. 모르긴 몰라도 문 대선후보 당시 막대한 사재를 털어 뿌린 눈먼 돈 삥 친 정치낭인들도 제법 있었으리라…….

운동초심모임을 접하고 3년여를 함께해오며

정당이 중소기업 움직임만도 못 하면 선거에서고 지지에서고 필패하는 건 당연지사다. 지금 창조한국당이 끄트머리에 내쳐진 것은 2년 전 창당 시를 생각하며 사필귀정이다. 그래도 참고 바라봤다. 인천 지역을 중심으로 보통 시민들이 주축이 되어 창조한국당 시당도 설립하고, 착잡한 심정이었지민 대선 기간에 한 달 넘게 온라인 모임에나마 참석했다. 그 지점이 '운동초심' 모임을 알게 된 시점이다.

온라인으로 초대의 글이 왔기에 마음가짐을 새로 하려고 모임에 참여했던 것이다. 그렇게 몇 개월을 지내며 지역 내에서 노동운동을 했던 분, 민주화운동을 했던 분들의 안면을 트고 그분들의 삶과 민주화에 대한 열정을 보고는 관심을 더욱 갖게 되었다. 운동초심의 대다수 회원들은 70, 80년대를 열악한 노동 환경과 투옥마저도 마다하지 않고 치열하게 살아온 분들이었다. 나도 해외에서 그래도 입양인 네트워크를 이루어보려 애쓴 것은 있지만 내밀 수 있는 명함이 아니었다. 이내 숙연해졌고, 그 뒤 3년을 넘게 함께해오고 있는 것이다.

2007년 대선은 생활정치를 생각하던 나에게 크나큰 회한을 남겼다. 하지만 이명박 정권의 엇박자는 도저히 참기에 힘들었다. 43대 총선에서의 한나라당 승리로 여의도는 거수기계가 되었고, 숫자만 믿고 우격다짐을 하는 데에는 내 자신의 한으로만 끝맺을 수는 없었다. '조용히 지내는 것은 몇 년 뒤로 미루자.' 나만 이런 마음을 먹었을까? 이 정권만은 시민의 힘으로 교체하자고 다짐했다.

그 시점부터 다음(Daum) 아고라에 글도 올리고 여타 정치 성향이나 사회적 카페에 글을 자주 올리기 시작했다. 촛불 정국에 이르러서는 인천 지역 집회에 참가하는 것은 물론이고 서울시청 집회에도 주말마다 올라갔다. 서울 지역 노동운동 후배와 연대하여 가칭 '촛불당'(임시 명칭)이라는 카페도 만들었다. 연대의 모색으로 회원은 몇 주 만에 1만 명이 훌쩍 넘어섰다. 경찰에서 겁박하여 카페지기를 서너 차례 소환하고 카페 폐쇄까지 당할 정도의 모임이었다.

2011년 6.2지방선거 당시에는 나름대로 온라인으로, 지역 내 오프라인 모임을 통해 민주 진영의 후보들을 위해 애썼다. 또 동창생의 동생이 구로구청장(민주)에 출마하여 역시 온라인과 오프라인으로 당선에 이르도록 함께 힘을 쏟기도 했다. 아울러 홍미영 부평구청장, 안희정 충남도지사, 김상곤 경기교육감과 몇몇 전교조 출신 진보적 직선 교육위원들 밀어주는 온라인 활동도 상당히 했는데 모두 당선이 되어 나름대로 작은 보람도 가졌다.

내 자랑이 아니다. 정권 교체의 날이 머지않았다는 말을 하고 싶은 것이다. 2012년 4월 총선과 12월 대선. 양심적이고 도덕적이며 참신한 새로운 정권이 들어서기를 바라는 마음인 것이다. 작은 힘이다, 한 시민으로서의 나는. 하지만 작은 역할이나마 간절한 마음을 보탠다. 그런 여망으로 작은 실천도 하고 있다. 2012년 초 설날 무렵에는 재외국민들이 거주 국가에서 총선과 대선에 투표권을 행사한다. 대략 280만에 이르는 전 세계 6대륙 체류 교민, 유학생, 주재원분들. 그분들을 끌어안아보고자 민주 진보적 성향의 '고국민주마당'이라는 카페를 다음에 개설하여 운영 중에 있다. 이에 더해 해외 교민, 유학생이 모이는 여러 카페에 들어가서 한국의 정치적·사회적 견해를 담은 본인 글도 틈틈이 올린다.

아래는 '고국민주마당' 다음 카페 개설 취지를 글로 작성하여 올려놓은 본문이다.

고국민주마당(고민마) 출범의 글

1945년 일본 제국의 압제에서 벗어나는 광복을 맞이했습니다. 하지만 정치적·이념적인 대립으로 남과 북이 나뉘고 다시금 남한은 3년간 미군정 아래에 있게 되었습니다. 1948년 대한민국 정부 수립 후 지난 반세기를 훌쩍 넘어오며 그간의 정치적·사회적 우여곡절을 겪으면서도 2011년 오늘에 이르기까지 18대 국회를 구성하고 17대 대통령이 재임하고 있습니다. 이제 대한민국은 세계 10대 경제대국으로 성장하고 소득 2만 불 시대에 이르게 되었지만 이러한 단기간의 산업 발전과 국민 소득의 증가에도 불구하고 사회는 대기업과 중소기업의 격차, 소득의 양극화, 청년실업의 증가와 비정규직의 양산, 저출산과 고령화, 계층 간 갈등의 시대로 접어들면서 사회적 제반 문제가 혼재된 오늘의 고국의 모습인 것을 부인할 수가 없습니다.

이러한 가운데서도 2012년 4월 19대 국회의원, 12월 11번째 인물의 대통령을 선출합니다. 세계 190여 국가에 700만 명이 넘는 한국인이 거주하고 있어 새롭게 선거법을 제정, 재외국민분들이 정부 수립 후 처음으로 국회 비례대표 의원과 대통령을 거주 국가에서 직접 투표할 수 있게 되었습니다.

이에 재외국민 여러분의 소중한 권리를 바르게 행사하여 고국 대한민국이 명실상부한 세계 속에서 선진 정치를 펼치며 민주·복지 한국으로 거듭 발전하기를 바라는 작은 열망에서 '고국민주마당'을 개설하기에 이르렀으니 여러분의 격려와 동참을 부탁드립니다.

– 2011년 정월 초하루 설날

김해 봉하마을 해외교민캠프에 참가하고

지난(2011년) 8월에는 해외 노사모 회원들이 주축이 된 노무현재단에서 주관한 해외 교민 글로벌 캠프가 김해 봉하마을에서 열렸다. 10여 개국 70여 명이 참석하는 2박 3일 일정의 행사였다.

첫째 날은 한명숙 총리의 특강을 두어 시간 듣고 여러 질문과 답변 그리고 늦은 점심식사를 함께 했고, 둘째 날 아침은 노무현 대통령 묘역에 넓게 깔린 박석을 세제 섞은 물로 일일이 손 청소를 했다. 청소하며 여러 시민들이 써내어 책 크기의 절반만 한 바닥돌에 새겨진 고 노무현 대통령을 회상하는 단문들을 보며 상념에 잠기게 되었다.

봉하 고 노무현
대통령 묘역의
박석을 청소했다.

점심을 먹은 뒤에 캠프에 참가한 해외 교민들이 고 노무현 대통령 묘역에 헌화 참배하고 이어 고 노무현재단의 문재인 이사장과 함께 '대통령 길' 걷기를 통한 산행을 했다. 묘역 부근에 집결하여 올려다본 부엉이 바위…… 내 친구 말이 떠올랐다. "노대통령은 착해서 스스로 떨어지신 거다. 전두환이 29만 원 운운하며 버티는 거 봐라. 현직 대통령도 퇴임한 다음에는 마찬가지로 버틸 거다. 장로랍시고 하나님 찾으며 스스로 자신을 버리지 않을 거라고 본다."

그다지 높지 않은 봉하산 사자바위까지 문재인 이사장과 함께 등산을 했으나 부엉이 바위 쪽으로는 의도적으로 안내를 하지 않았다. 하산 길에는 봉하재단에서 농사를 짓는 들판의 논가에 있는 정자에서 비빔밥으로 저녁을 먹으며 문 이사장에게 저서 《운명》과 그에 따른 정치적 의견도 들으며 교민분들과 교분을 나눴다.

사흘째 오전에는 해외 각국에서 왔기에 봉하재단에서 특별히 고 노무현 대통령 사저를 방문토록 주선하여 권양숙 여사와 일일이 악수를 나누며 상견례와 다과를 반시간 넘게 사저 뜰에서 가졌다. 권 여사께서는 아직도 마음의 짐과 회환을 내려놓지 못하고 어두운 모습으로 지낼 수밖에 없는 자신을 이해해달라고 하셔서 나 역시 우울함과 분해 오는 마음을 떨쳐버릴 수 없었다. 집권당의 과거 막말도 떠올라 과연 사저가 '아방궁'인가? 관심도 갖으며 외관을 둘러보니 일국의 대통령 퇴임 후 지내기에는 사뭇 적절한 규모였다. 사저 내 절반 이상을 봉하재단 현 사무실로 쓰이고 있다고 했으며 얼마 후 지나면 권 여사께서는 마을에 집을 얻어 나가고 사저

봉하산 사자바위에서 문재인 이사장과 해외 교민 분들과 함께

전부를 재단 사무실로 쓸 예정이라고 했다.

사저에서 한 3백여 미터 떨어진, 근자에 지은 이장님 댁이 멀리서 보니 사저보다 더 좋아 보였다.

2012년에는 봄과 겨울에 한 차례씩 선거가 있다. 총선과 대선. 다시 한번 치열한 시절이 돌아온 것이다. 나는 교육자셨던 부모님의 영향이어서인지 가급적 주위와 다툼을 멀리하고 융화하면서 자력갱생의 의지로 바르게 살아보려고 나름대로 애써왔다. 하지만 불의와 불공정한 사안에 대해 저항하며 이를 바로잡아 보려는 개인적인 성향도 있다. 물론 때로는 이런 성향 탓에 손해 아닌 손해를 감수하기도 했고.

이야기가 좀 곁길로 가는 줄도 모르겠지만 '명박장로통령'은 최근 "한국 대통령으로서 무지 열심히 일하고 있다"고 말했다. 말문을 막는 말에, 욱하여 나름대로의 생각을 써본다. 사람이 일을 함에 있어 열심히 하는 건 좋다. 허나 무엇에, 어떻게, 어디에 우선순위를 두고 열심히 하는가가 더욱더 중요하다. 특히 일국의 지도자라면 애쓰는 양이 아니라 질이 문제인 것이다.

그간 명박통령이 열심을 다했던 일들을 한번 들어보자.

미국 소고기 묻지 마 수입에 열심을 다했고, 환율 방어 한답시고 외환보유고 수백억 달러 처 퍼붓는 데 열심을 다했다. 공영방송 장악하려고 열심을 다했고, 종편을 향한 방송법 만들어내려고 열심을 다했고, 종교계 평정하려고 열심을 다했고, 중동 원전수주 정상가격의 절반 정도에 받아오는 데 열심을 다했고, 4대강에 포클레인, 레미콘 들이밀려고 열심을 다했고, 국가 채무를 상상을 초월할 정도로 늘려가는 데 열심을 다했다. 세종시 느닷없이 들고 나와 엎어 치려고 열심을 다했고, 한미FTA 우격다짐으로 협정 체결하려고 열심을 다했고, 와중에 무슨 수를 써서라도 정권 연장하고 권력 다지기에 열심을 다하고 있다.

하기야 나치 히틀러도 독일 부흥을 외치며 유럽의 맹주가 되려고 지하 벙커에서 밤낮없이 열심을 다했던 수령이었는데……. 그 '열심'이 불러온 참상은 익히 알 것이다.

대한민국 역대 대통령 열 명중 장로 대통령 세 명이다.

이승만, 김영삼 그리고 이명박 장로……. 세 대통령을 통해 현대사 흐름으로 연계되어 그들이 나랏일을 한 결과로 무언가 컴컴 찜찜한 게 떠오르면 그게 바로 우리네 비틀려진 현대 정치사라고 보면 맞을 거다.

덜 열심이고 덜 돌아다니는 대통령이라도, 아니 자주 휴식을 취하고 휴가도 가는 대통령이라도 민의에 바탕을 두고 제대로 바르게 국정을 펴는 대통령, 그래서 국민들로부터 존경까지는 못 받더라도 나름대로 인격적으로나 도덕적으로 존중받는 대통령을 가져보았으면 한다.

퇴임 후 미국 카터 대통령처럼 일하는 국가지도자가 부럽다. 그나마 퇴임 대통령으로서 새로운 모습으로 농촌에서 선도적인 일을 하려 했던 고 노무현 대통령이 있었다. 허나 후진 한국 정치의 모리배들 탓에 일찍 서거하여 안타까울 뿐이다. 반세기를 넘어가는데도 지도자 복이 지지리도 없는 이 나라 우리네 민중이 아닌가 한다. 그래서 2012년 총선과 대선에서 수구 기득권 세력이나 다름없는 집권당에게 당당히 맞서 이겨내려면 야권 단일화가 필수 과제라 할 수 있다. 해서 '혁신과 통합'에 관심을 갖고 참여하고 의견을 내고 있으며, 인천 내 사회단체를 중심으로 총선과 대선에서 야권 단일화 추진운동에도 역시 관심을 갖고 자그마한 협력이라도 할 것이다.

'혁신과 통합' 시민대토론회 참가 후기

'혁신과 통합' 2011년 9월 세종문화회관 출범식에 참석한 후 신설 홈피에 간간이 의견 개진도 하고 지역 내에서 결성되는 데 힘을 보태왔다. 그러던 중에 추진위원의 입장에서 200인 참가 원탁토론회 참가자로 온라인 신청 후 선정되어 11월 19일 금천구청 대회의실에서 '시민주도 온+오프 통합정당 건설을 위한 시민대토론회'에 10인씩 정해진 20개 테이블 중 한곳에 앉게 되었다.

이해찬 전 총리의 인사말이 있었고 '나꼼수'에서 중계가 되었다. 토론 규칙은 한 사람이 1의제와 2의제를 각 2분씩 의견 개진하는 것이었다. 그 뒤는 상호토론이 2시간 30분간 진행되었다.

'혁신과 통합' 200인 시민대토론회 토론자로 참가했다

의제

"시민주도 정당을 위해 무엇을 해야 하나?"라는 주제문을 놓고 <u>177
명의 원탁토론자가 자유토론(1차토론)</u>으로 발표한 177개의 의견은
테마 분석팀의 실시간 키워드 분석을 거쳐 6개의 테마로 분류되었습
니다. 분류된 테마문을 중간발표를 통해 공유한 후 다시 상호토론(2
차토론)을 거쳐 테마문을 확정했다.

확정된 6개 테마문의 우선순위를 정하는 177명의 현장 전자투표가
진행됐으며 결과는 아래와 같다.

제1테마 – 이념을 넘어 대국민 소통시스템이 원활한 정당
    (테마문) '한국식 끼리끼리를 해소하는 소통정당'
    24%-42명

제2테마 – 기득권, 당파적 폐쇄성, 권위주의를 극복한 대중정당
    (테마문) '기득권과 폐쇄성이 없는 무한 경쟁의 정당'
    19%-34명

제3테마 – 국민갈등을 해결하고 1%가 아닌 99%의 국민과 함께하는
    실사구시 정책정당
    (테마문) '노인부터 아이까지 국민 99%를 위한 정책정당'
    12%-21명

제4테마 – 투명하고 합리적인 '직접민주적, 집단지성적' 의사결정
    시스템을 가진 정당
    (테마문) '의사결정에 대다수 시민이 참여하는 구조의 정당'
    22%-39명

제5테마 – 총선, 대선에서 승리하는 강력한 반한나라 통합정당
    (테마문) '반한나라 통합정당'
    2%-4명

제6테마 – 권한과 의무에 따라 다양한 당원 커뮤니티가 활성화된 정당
    (테마문) '책임과 권한에 따른 다양한 커뮤니티가 있는 정당'
    7%-13명

제7테마 – 소수의견
    (테마문) 소수의견 14%-24명

한미 FTA 날치기 통과 후 몇몇 시민 의견

그리고 수삼일 전 한미 FTA 날치기 통과 관련 시민의 의견을 소개하며 12년 양대 선거에서 민주진보시민들이 합심하여 제대로 된 정치가 되도록 나서야 한다.

이에 시민의 글을 소개한다.

한 누리꾼 의견 소개

"장사꾼들에게는 조국이 없다. 그들은 이익을 얻는 것 외에는 조금도 마음을 쓰지 않는다."

- 미국 3대 대통령 제퍼슨

"외국에 투자되는 자본은 대부분이 경영 지배권의 확보를 위한 돈입니다."

"공공기업의 민영화는 공공기업을 민간 기업이나 다국적 기업에 넘기려는 속임수일 뿐입니다."

"이런 민영화는 대체로 부패한 정부에서 주로 시행됩니다."

-노암 촘스키 교수

소설가 이외수 트위터 의견

"내년이면 세상 달라진 걸 뼈저리게 통감할 것."

"철면피한 치기배들의 나라."

"두고 보아라. 설령, 그들이 신봉하는 하나님이 이 나라를 버리는 한

이 있더라도 이 나라의 국민은 절대로 이 나라를 버리지 않을 것
이다."
"세상을 위해 아무것도 한 일이 없는 날은 한 끼 밥을 먹기도 부끄러
운데, 세상을 망치는 일에 앞장서면서 사리사욕 채우기에 바쁘신 분
들. 지금은 웃고 계시겠지요."
"장담컨대, 내년이면 세상이 얼마나 달라졌는가를 뼈저리게 통감하
실 겁니다".

며칠 전 김정일 사망 소식을 접하고

북한의 그간의 정세나 김정일 사망 후 한반도 정세를 논하기에
는 신문, 주간지 몇몇 책자를 통해서 아는 정도일 뿐이어서 길게
이야기할 것은 없다. 허나 수년 전 한 탈북인이 남한에서 몇 년간
살아보고서는 자신의 소회를 밝힌 게 떠올라 이곳에 적어본다.

"남과 북은 둘 다 문제다. 북은 죄다 미쳐 있어 문제고, 남은 죄
다 썩어 있어 문제다"라고.

수십 년간 민중을 억압하고 엄혹하게 독재 통치한 고 김정일을
보내며 눈 쌓인 시멘트 바닥을 두드리며 울고불고하는 북한 주민
들……. 국민소득 2만 불이 넘고, 경제규모 10위권이라는 국가의
부패지수는 동남아 후발 국가들과 어깨를 나란히 하거나 더하기까
지 한 대한민국이니 말이다.

이 나라 10명의 대통령 중 그래도 김대중, 노무현 두 분이 국민

적 대통령이었다고 여긴다. 고 김대중 대통령 서거 전 국민에게 던진 유지나 마찬가지인 "나쁜 정권은 길에 나가서 막아라. 그게 안 되면 인터넷에 댓글이라도 달고, 그것마저 안 되면 하다못해 담벼락에 대고 욕이라도 하라"고…….

이를 마음에 두고 지난 4년 넘게 몇몇 게시판과 카페, 블로그에 올렸던 글들을 분야별로 재정리 후 다음 블로그에(검색/화평무) 올려놓고 있다. 또한 얼마간의 시민들과 함께 공감대라도 형성하고프고(트위터@ktopgang) 또 다가오는 총선과 대선에 민주진보 진영의 외연 확대와 야권 단일화에 말 그대로 자그마한 도움이라도 되었으면 한다.

민족정기를 위하여!!

우경태

나의 출생과 자라온 이야기

간략하나마 살아온 이야기를 먼저 적습니다. 저는 1961년 경북 의성군 안계면 도덕리에 있는 중농인 집안에 2남 3녀 중 장남으로 태어났습니다. 위로 누님이 세 분 계시니, 아버님은 쉰이 넘어서 아들을 본 것입니다. 집성촌인 마을 특성상 문중에 경사였답니다.

그날이 장날이었다고 합니다. 아버님은 소를 팔러 장에 갔다가 소 판 돈을 노름판에서 다 날렸다고 해서 동네 분들은 소 한 마리하고 아들하고 바꿨다고 이야기를 하셨습니다.

고등학교 때 기억이 생생합니다. 1979년, 제가 고등학교 3학년이던 10월 어느 날(26일)이었습니다. 가을걷이를 마친 논에서 집까지 리어카로 볏단을 나르던 중 라디오에서 흘러나온 충격적인 소식. 박정희 대통령이 김재규의 총탄에 맞아 서거했다는 것입니다.

반공 교육을 받으며 자라온 세대이고 고향이 구미에서 가까운 시
골이다 보니 그때의 충격은 더 컸습니다. 뭔가에 머리를 얻어맞은
듯한 느낌이었죠.

고등학교를 졸업(1980년)하자 아버지는 대학 진학을 권유하셨습
니다. 하지만 당시 아버님이 칠순이라 장남인 저는 대학을 가라는
말씀을 끝내 듣지 않았습니다. 빨리 취업하고 결혼하여 손자를 안
겨드리는 것이 효도라는 생각을 했던 거죠.

졸업과 함께 부산에 있는 (주)한국요업 직업훈련소를 수료하고
곧바로 취업했습니다. 그러다 82년 군에 입대(육군25사단)하고, 85
년에 전역하여 만화영화사 촬영실에서 1년간 근무했습니다. 그러
다 퇴사하여 디자인학원을 다니던 중 아버님 별세 소식을 접합니
다. 아버지가 돌아가시자 결혼이라는 최소한의 효도도 못했다는

58

자책이 들어 3년여를 방황하며 보냅니다. 그 뒤 마음을 다잡고 92년에 인테리어 사무실을 개업하고, 현재까지 '통일종합공사'를 운영하고 있습니다.

민족 현실에 눈을 뜨다

제가 사회 현실, 민족 현실에 눈 뜨게 된 계기는 책을 통해서였습니다. 1993년쯤으로 기억합니다. 권중희 선생이 쓴 《역사의 심판에는 시효가 없다》는 책을 읽고 민족이 처한 현실에 눈을 뜨게 된 것입니다. 그 뒤 3년여를 권중희 선생과 함께 백범을 시해한 안두희 응징과 백범 시해의 진실 규명 작업에 동참했습니다,

그 후 돌아가신 조문기(독립지사. 민문연 이사장)·곽태영(민족투사) 선생을 모시고 박정희기념관건립 반대운동, 친일파 박흥식(광신고 설립자)·김석원(성남고 설립자)의 교내동상 철거운동을 성공시키기도 했습니다. 2001년에는 곽태영 선생과 함께 탑골공원에 민족정기를 위하여 박정희가 쓴 삼일문 현판을 철거하는 데 주도적인 역할을 했습니다.

2002년에는 미군장갑차여중생살인사건 범대위에서 집행위원으로 참여했습니다. 매일 광화문 교보문고 앞에서 촛불집회를 개최하며 당시 대선정국에서 전국 시·군 단위까지 범대위 지부를 결성하기도 했습니다. 그 당시의 활동을 통해 전국에 자주적인 의식을 고취하며 노무현 대통령 당선에 일조했다고 생각합니다.

아래는 현 이명박 정권하에서 우리 민족의 현실을 개탄하면서 몇 자 적어본 글입니다. 민족의 역사를 바로 보자는 취지로 거칠지만 아주 간략히 적어내린 글입니다.

우리는 광복되지 않았다

1945년 8월 15일은 우리에게 광복된 날이 아니다. 그날도 조선총독부에 일장기는 그대로 휘날리고 있었다. 맥아더가 포고령을 발포하여 미군이 접수할 때까지 3.8선 이남의 치안 유지를 조선총독부에게 위임하고 있었기 때문이다.

1945년 9월 8일 미군이 인천에 상륙할 때에도 치안 유지를 일본군이 맡고 있었으며, 그날 일본군의 발포로 수십 명의 환영 나온 인천 시민이 살상당하기도 했다.

9월 9일 미군이 서울에 입성할 때까지 조선총독부 일장기는 그대로였다. 미군이 입성한 그날 일장기가 내려지고 그 자리에 성조기가 올라갔다.

조선총독부를 그대로 접수한 미군정이 시작되었고, 숨어 있던 일제부역자(친일민족반역자)와 조선총독부 전직 관리들을 불러내어 권력기구 핵심 요직에 그대로 포진시켜놓았으며, 이승만을 앞세워 미국에 의한 대리 통치를 획책하기 시작했다.

좌우를 막론하고 미국과 타협하지 않고 조선의 통일 독립을 진정으로 원하는 영향력 있는 애국 정치인들은 차례로 암살당했다. 광복 없는, 미국에 의한 대리 통치는 지금껏 계속되고 있는 중이다.

미국이 결코 달가워 할 리가 없는 남한 민주화의 성과라 볼 수 있는 〈국민의 정부〉에서 〈참여정부〉에 이르는 지난 10년간, 미국의 손아귀에서 일부나마 벗어나 남북이 협력하려는 약간의 몸부림이 있었지만, 〈조·중·동〉에 의해 지난 10년간의 집요한 음해성 공격 앞에 허무하게 맥없이 무너진 바 되었다.

이명박이가 당선되자 미국은 쾌재를 부르며 전례 없이 상하양원에 의한 이명박 당선 축하 결의안까지 가결해주었다. 남의 나라 대통령에 당선된 특정인에 대하여, 그것도 전과자에 대하여 당선 축하 결의안을 통과했다는 것은 우리의 수치이기도 하지만, 무엇보다 미국의 수치로 기록될 것이다.

그동안 이명박이 보여준 매국노적 행보는 왜 그토록 미국이 이명박의 당선에 환호작약하며 쾌재를 불렀는지를 이해할 수 있게 해준다. 이명박 정권은 이를 두고 '한미동맹의 복원'이라 강변하고 있다.

우리는 '광복되었다'는 환상에서 깨어나야 한다. 오늘날 뉴라이트와 사대 매국 세력들이 추진하고 있는 〈광복절 없애기〉를 우리는 현실적으로 부정하지 않는다. 그들은 어차피 일제 강점기를 축복이라 하는 매국 세력들이며, 대한민국의 건국은 그들의 건국이지 우리의 건국은 아니기 때문이다. 저들은 이제 아예 대놓고 대한민국의 건국을 매국노들의 건국일로 만들겠다는 것이다. 어차피 대한민국의 애국가도 일제의 괴뢰국이었던 만주국 찬양곡(안익태 작곡)이 아니던가!

뉴라이트-친일·친미사대 매국노들아!

그래 좋다. 건국절을 현실화시켜라!

우리는 광복되지 않았다. 영예로운 〈광복운동〉의 임무가 우리 '운동초심' 동지들 앞에도 놓여 있다.

현재는 운동초심모임, 민족문제연구소 회원들과 함께 민족정기운동과 통일운동에 함께하고 있습니다. '운동초심모임' 회원들의 무궁한 발전과 건승을 기원드립니다.

민.족.정.기.를. 위.하.여!!

다음은 필자가 2001년 곽태영 선생과 함께 삼일문 현판 철거 당시 정운현 기자가 역사기록 차원에서 남긴 글입니다.

> 지난달 23일 새벽 2시 30분경 한국민족정기소생회 곽태영(郭泰榮·65·박정희기념관반대 국민연대 공동대표) 대표와 한국민족청년회 우경태(禹瓊泰·39) 집행위원장은 서울 종로 탑골공원 정문 현판인 '삼일문'을 철거했다.
>
> 이들은 이날 오전 10시 향린교회에서 기자회견을 갖고 철거이유, 경위를 밝힌 뒤 현장에서 경찰에 긴급체포되었다.

사건 발생 후 언론에 보도된 내용은 여기까지가 전부다. 평소 이들과 교류를 가져온 덕분에 이 사건의 발단, 경과, 이후의 처리결과까지를 소상히 알고 있는 필자는 향후 역사적 기록을 위해 감춰진 '비화'를 포함해 이 사건의 '전부'를 여기 기록해두기로 한다.

우선 이 사건을 전후해 필자는 곽태영 선생 일행과 서너 차례의 만남이 있었다. 편의상 날짜순으로 기록해두겠다.

지난 10월 26일 소위 '10·26사건' 22주기를 며칠 앞두고 오후에 곽태영 선생이 회사로 나를 찾아왔다. 시간이 마침 기사 마감 때여서 지하 다방으로 모시지 못하고 로비에 선 채로 얘기를 나누었는데 내용인즉, 26일 탑골공원 앞에서 행사를 가지면서 전격적으로 '삼일문' 현판을 철거할 계획이라며 취재를 부탁하셨다. 필자는 '성공을 빈다'는 얘기를 전하고 올라와서 사회부장에게 이 같은 얘기를 전했다.

26일 사회부 기자와 사진부 기자 각 1명이 일찍이 탑골공원 시위현장에 파견됐다. 사진부 기자에게는 시위도중 전격적으로 삼일문을 철거할 계획이니 시위대를 눈여겨볼 것을 특별히 주문했다. 그러나 이날 삼일문 철거는 불발로 끝났다. 이미 정보가 새어나가 경찰들이 삼일문을 겹겹이 지키고 있었기 때문이다. 나중에 알고 보니 거사 주최 측에서 언론사 몇 군데 취재를 부탁하는 과정에서 소문이 흘러나간 모양이었다.

지난 11월 23일 아침 8시경 잠자리에서 일어나자, 아내가 한통의 전화소식을 전해왔다. 곽 선생과 친분이 깊은 S선생님에게서 한 시간 전에 전화가 왔었다며 내게 전화를 부탁했다는 것이었다. 곧바로 S선생님께 전화를 드렸더니 "곽 선생에게서 정 기자에게 연락을 부탁받았다"며 "오늘 오전 10시 향린교회에서 곽 선생 일행이 삼일문 철거 관련 기자회견을 가질 계획이니 취재를 해달라"는 것이었다.

나는 순간 나에게도 연락을 안 한 걸 보니 이번에는 분명히 성공했을 것이라고 예감했다. 서둘러 출근을 해서 사회부에 취재를 부

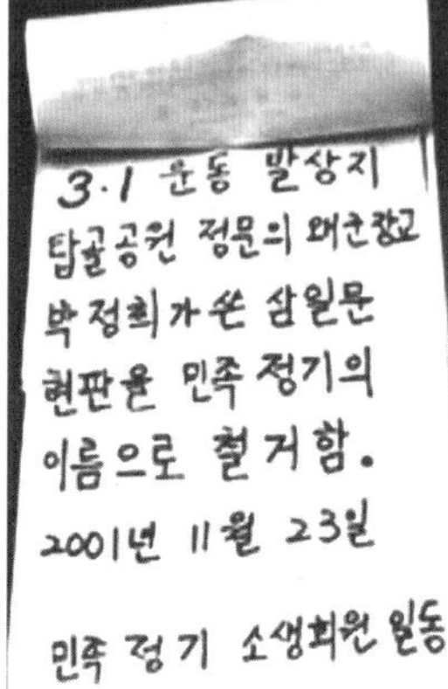

현판 철거에 대비해 경비를 서는 경찰들–오마이뉴스 자료사진(왼쪽)
현판 철거 후 현장 기둥에 붙인 글귀(오른쪽)

"친일파 현판, 우리가 뗐소!" 23일 새벽 탑골공원 삼일문 현판을 제거한 것으로 밝혀진 곽태영(가운데), 우경태(오른쪽) 씨가 지난달 26일 '현판제거 촉구집회'를 보도한 오마이뉴스 기사를 들어 보이며 "진작에 제거했어야 할 친일파 현판을 오늘에서야 떼어냈다"고 말하고 있다. 삼일문 현판은 이미 세 조각으로 찢겨 흉물이 되어 있었다. [향린교회기자회견] ⓒ 오마이뉴스 노순택

탁하고 나도 향린교회(담임 홍근수 목사)로 향했다.

도착하니 9시 40분경이었다. 교회 주위에는 벌써부터 기자들과 경찰들로 보이는 사람들이 서성거리고 있었다. 교회 문을 열고 들어가자 마당에 삼일문 현판 전각 조각들이 부수어진 채 벽에 기대 있었다. 마당 옆 1층 강당을 들어서니 기자회견 준비가 한창이었고, 강당 구석에 부수어진 '삼일문'이 감춰져 있었다.

나는 혹시나 싶어 우리 회사 사진기자에게 얼른 찍어둘 것을 부탁하고 현장에 있던 육철희 신시민운동연합 의장에게 곽 선생 일행이 어디 계시느냐고 물었더니 2층 홍근수 목사 방에서 식사 중이라고 일러주었다.

2층 홍근수 목사 방으로 들어섰더니 곽태영 선생과 우경태 위원장, 그리고 이관복(70) 박정희기념관반대 국민연대 공동대표가 늦은 아침식사를 하고 있었다.

홍 목사는 기자회견문을 준비하느라 정신이 없으셨다. 나는 식사를 하는 세 분에게 기자회견 후에 경찰에 연행되면 제 때 식사를 할 수 없을지도 모르니 양껏 드시라고 말씀드리고는 몇 마디를 물어보았다.

곽 선생은 "보안유지를 위해 이번에는 정 기자에게도 연락을 안 했네" 하시며 거사 성공을 만족해 하시는 모습이었다.

이윽고 10시가 조금 넘어 나는 곽 선생 일행과 함께 기자회견장으로 들어섰다.

벌써 신문, 방송 등 각 언론사 기자들로 1층 강당은 가득했고, 정문 입구에는 곽 선생 일행을 연행하러온 사복 형사들이 진을 치고 있었다.

기자회견장에 곽태영, 우경태, 이관복 3인이 자리를 잡고 앉았는데 그들의 등 뒤 칠판에는 '왜군장교 박정희가 쓴 삼일문 현판을 민족정기의 이름으로 철거한 우리들의 입장을 밝힌다-민족정기소생협회' 라는 문구가 적힌 전단이 붙어 있었다.

신혼여행을 갔다가 막 도착한 방학진 민족문제연구소 사무국장의 사회로 기자회견이 시작됐다.

먼저 이관복 대표가 삼일문의 개요에 대해 설명했다.

이 대표는 "이번에 철거한 삼일문은 지난 1967년 박정희 전 대통령이 친필로 쓴 것으로, 앞서 해방 후 서예가 일중 김충현 선생이 쓴 것을 떼 내고 대신 건 것"이라며 "민족의 성지에 걸린 친일경력자의 글씨를 뗀 것이 위법이라면 이를 보호하고 있는 것이 합법이냐"고 되물었다.

이 대표는 "서울시는 시청 창고에 보관 중인 김충현 선생의 친필 현판으로 교체해야 할 것"이라고 주장했다.

이어 철거 당사자 소개와 실행과정에 대한 설명이 있었다.

먼저 우경태 집행위원장은 "지난 92년부터 백범 시해범 안두희 응징에 관여하면서 민족정기구현 운동에 참여하게 됐다"고 자신을 소개하고는 "서울시가 탑골공원 성역화작업을 하면서 그 첫 번째는 일본군 장교 출신의 박정희가 쓴 현판을 교체하는 것이라고 생각해왔다"고 밝혔다.

그는 이어 "오늘(11월 23일) 새벽 2시경 현장에 도착해 길이 3미터 가량의 장대에 낫을 연결해 2차에 걸친 작업 끝에 삼일문 현판을 철거했다”고 밝혔다.

계속해 곽태영 선생이 보충 발언을 했다. 곽 선생은 “수 차례에 걸쳐 서울시에 박정희 친필 현판을 교체해줄 것을 진정, 탄원하였지만 번번이 서울시가 묵살해 이번에 우리가 민족정기 수호 차원에서 철거했다”고 밝히고는 “단식농성을 할까도 생각했다가 이번에 우경태 동지의 건의를 받고 비밀리에 거사를 도모한 결과 마침내 이를 성공했다”고 말했다.

이날 기자회견장 테이블 위에는 갈가리 찢겨진 ‘삼일문’ 현판 조각이 올려 놓여져 있었다.

우경태 위원장은 “철거해서 향린교회로 가져온 후 만에 하나 다시 탈취당해 재사용될 것을 감안해 향린교회에 오자마자 예리한 정으로 ‘박정희’ 이름 석 자와 그 아래 낙관 부분을 뭉개고는 다시 이를 여러 조각으로 부쉈다”고 말했다. (필자가 보기엔 현판이 가로로 네 조각 정도로 파손돼 있었다.)

이어 박정희기념관반대 국민연대 공동대표를 겸하고 있는 홍근수 목사가 국민연대 명의의 ‘성명서’를, 우경태 집행위원장이 당사자 2인 공동명의의 ‘성명서’를 각각 낭독했다.

이 역시 역사기록차원에서 전문을 밝혀둔다.

| 성명서 |

3·1운동 발상지이고 민족정기의 발원지로 성지인 탑골공원 정문에 우리의 독립군을 학살하고 5·16쿠데타로 헌정을 파괴한 왜군 출신 박정희가 쓴 현판이 1967년부터 34년간 걸려 있었다.

이는 우리 대한민국 후손으로서는 매우 창피한 일이다. 오랜 세월 동안 뜻있는 애국시민과 애국단체들이 서울시청, 청와대 등에 기왕에 설치했던 일중 김충현 선생의 친필 현판으로 원상복구하기를 청원했으나 끝내 응답조차 하지 않고 전직 대통령임을 내세워 거부해왔다.

이에 울분해 있던 한국민족정기소생회 대표 곽태영 선생과 한국민족청년회 집행위원장 우경태 선생이 2001년 11월 23일 새벽에 단호히 이를 철거하는 의거를 했다.

이 소식을 접한 박정희기념관반대 국민연대는 두 분의 의거에 오랜 한을 풀며 온 국민에게 지지 의사를 밝히는 바이다.

아울러 민족정신의 함양 차원에서 당국도 도에 지나친 위법성 논란을 삼가해주기 바랍니다.

2001. 11. 23

박정희기념관반대 국민연대

| 성명서 |

3 · 1운동 발상지인 탑골공원 정문에 우리 독립군을 학살한 왜군 장교 박정희가 쓴 '삼일문' 현판이 1967년부터 34년간 계속 걸려 있었다는 것은 민족정기를 말살하는 행위로, 이는 지하에 계신 순국선열들을 통분케 한, 못난 처사로서 우리 겨레의 분노를 금치 못하게 하는 못난 일이었다.

박정희가 피살된 직후부터 지금까지 뜻있는 애국인사들과 애국단체에서 시 당국과 관계요로에 수차 박정희의 현판을 떼어내어 교체할 것을 건의, 진정, 탄원하였으나 서울시 당국은 이를 묵살하고 말았다.

우리는 친일파 천국이 되어 민족정기가 쇠퇴한 현실이지만, 민족의 부끄러운 현상이 더 이상 계속되는 것을 방치할 수 없어서 개인의 희생을 무릅쓰고 철거를 결행하게 되었으며 국민의 존경받는 애국지사의 현판이 삼일문에 복원, 헌양되기를 바란다.

곽태영 한국민족정기소생회 대표
(박정희기념관반대 국민연대 상임공동대표)
우경태 한국민족청년회 집행위원장
2001. 11. 23 〔향린교회〕

기자회견을 마치고 이들은 부수어진 삼일문 현판을 교회 앞마당에서 소각할 예정이었다. 곽 선생은 이미 신나를 준비해놓고 있었다.

마당에 현판 조각을 모아놓고 곽 선생이 그 위에 신나를 뿌린 후 불을 그으려는 순간 사복경찰들이 급습, 이들을 격리시키고는 부수어진 현판을 수거했다.

우경태 집행위원장은 마당으로 나오자마자 이미 사복경찰관 한 사람에게 붙잡혀 꼼짝달싹도 못하는 지경이 됐다. 이 과정에서 곽 선생 일행과 경찰들 간에 몸싸움이 있었고, 일행이 교회 문을 나서자 경찰들이 에워싸기 시작했다.

곽 선생은 "우리는 기자회견을 마치고 경찰서로 자진출석하기로 했는데 왜들 이러느냐"며 항의했다.

곽 선생은 자신이 종로경찰서 수사과장이라고 밝힌 사람에게 "당신도 친일파 글씨 떼어내니 기분 좋지? 말해봐요!"라고 묻자 그는 대답은 않고 "연행해!" 하고 한 마디를 던지자 경찰관들이 즉각 두 사람을 경찰차로 끌고가 연행해갔다.

경찰승합차에 올라탄 우경태 위원장은 기자들의 질문 공세에 "우리는 정당하다, 우리는 전혀 부끄럽지 않다"라고 큰소리로 외쳤다.

필자는 두 사람이 탄 경찰차가 사라질 때까지 한동안 현장에 서 있었다.

육철희 의장과 함께 시청 앞까지 걸어오면서 필자는 곽 선생이 작년 문래동 박정희 흉상 철거 후 아직 재판(12월 12일 재판임)이 진행 중이어서 어쩌면 이번에 진짜로 '고생'을 할지도 모른다는 격정을 주고 받았다.

사건 다음날인 토요일 오후 5시경 나는 두 분이 유치돼 있는 종로경찰서로 면회를 갔었다. (내가 경찰서 유치장으로 유치인 면회를 간 것은 강정구 교수에 이어 두 번째다.)

정문에서 주민증록증을 맡기고 청사 1층 오른쪽에 있는 조사계로 들어갔더니 토요일 오후여서인지 경찰관 1명만이 당직을 하고 있었다.

내가 면회신청을 하자 그는 유치장 쪽으로 가서 면회 가능 여부를 확인하고 와서는 가능하다고 하기에 곽태영·우경태 두 사람의 이름을 댔더니 유치자 명부를 확인하고는 "석방 되었어요" 하는 것이었다.

선뜻 믿기지 않아 명부를 좀 보여달라고 해서 봤더니 두 사람의 이름 옆 '죄명' 란에는 '공공기물 손괴죄'라고 적혀 있고 그 옆에는 '석방'이라는 큼직한 도장이 찍혀 있었다.

경찰관에게 물어보니 곽 선생은 검사의 수사지휘 과정에서 검사가 석방했고, 우 위원장은 판사의 영장실질심사에서 영장기각으로 석방됐다는 것이었다.

마치 내가 석방이라도 된 듯이 기뻤다.

지인 한 분에게 전화로 이 소식을 전하고는 갑자기 면회일정이 취소되자, 다음 약속 시간이 어중간해 일단 인사동으로 접어들었다. 입구에 있는 고서점 '통문관'엘 오랜만에 들렀다.

출입문에 마침 안두희가 쓴(실지로는 특무대에서 작성함) '시역의 고민' 원본이 전시돼 있기에 당장 가진 돈이 부족해 주인에게 예약을 해두고 나왔다.

다시 내려오다 가끔씩 들르는 전통찻집 '수희재'에서 차 한잔을 마시며 가방 속에 있던 '상해 한인사회연구'를 꺼내 잠시 시간을 보냈다.

찻집을 나와 보니 철늦은 가을비가 추적추적 내리고 있었다.

싫지 않아 비를 맞으며 인사동을 빠져나오다가 탑골공원이 저만치 보이기에 발길을 그리로 돌렸다.

모두 비를 피하느라 '삼일문' 현판이 붙어 있던 정문 처마 밑에 모여 있었다. 그러나 아무도 '삼일문'의 흔적을 살피는 사람은 없었다.

조용히 요모조모를 살펴보니 삼일문 현판이 있었던 주위로 생채기가 조금 나 있었고, 현판을 묶었던 굵은 철사줄(곽 선생은 이 철사줄이 일본말로 '하치부센八部線'이라고 하는 8호선이라고 했다)만이 휑뎅그레한 모습으로 매달려 있었다.

이것 하나를 떼려고 그리도 많은 사람들이 애를 썼나 생각하니 허망하기도 하고 통쾌하기도 했다.

다음 일정은 7시부터 민족문제연구소 청년회 초청 배우 문성근 씨 특강을 들으러 가는 길인데 그가 나를 실망시키지 않을 것 같은 생각에 추적추적 내리는 가을비조차 정겹게 느껴졌다.

그리고 '삼일문 철거사건'이 발생한 지 1주일 만인 어제(30일, 금요일) 나는 다시 이들과 만났다.

어제 오후 6시 서울 프레스센터 20층에서는 민족문제연구소 소장이자 동국대 법대 교수인 한상범韓相範 교수의 강단 40주년 및

《현대법의 역사와 사상》 출판기념회가 열렸다.

행사 시작 직전에 올라갔다가 잠시 한 교수와 인사를 나누고 사무실로 내려왔다가 7시경 사진기자와 함께 올라갔더니 행사장에 곽태영 선생과 동국대 강정구 교수가 나란히 앉아 있었다.

나는 불쑥 두 분 자리로 가서 반가운 인사를 나눴다. 대뜸 내가 곽 선생에게 "어찌 그리 빨리 나오셨어요?" 하고 물었더니 "여론 덕분인 것 같아" 하시는 것이었다.

비록 '삼일문' 현판이 공공기물이라고는 하나 멀쩡히 있던 김충현 선생의 친필 현판을 떼어내고 박정희가 쓴 현판을 다시 건 데 대한 여론은 좋지 않았다. 그러니 철거 당일 보도된 언론의 보도태도는 이들을 비판하기보다는 오히려 '잘했다' 는 쪽이었다. 이날 강정구 교수와도 석방 후 첫 만남이었다.

잠시 후 나는 참가자들의 면면을 알아보려고 행사장에서 나와 입구의 방명록을 뒤적이고 있었는데, 마침 낯익은 사람 하나가 저기서 들어오고 있었다. 자세히 보니 우경태 위원장이었다.

안부를 나누고는 몇 마디 대화를 하던 중 "삼일문 철거에 몇 가지 '비화' 가 있으니 꼭 기록해주십시오" 하는 것이었다. 그러마 하고 말을 걸었더니 삼일문 철거는 알려진 대로 자기와 곽 선생 두 사람만이 아니라 한 사람 더 있다는 것이었다. 알고 보니 그 한 사람은 곽 선생의 아들이었다.

우 위원장은 당일의 거사를 재구성해 설명해주었다.

우 위원장에 따르면, 거사 하루 전날인 22일 저녁 그는 곽 선생의 자택 인근인 서초역으로 가서 곽 선생을 만나 곽 선생 집에서 잠시 눈을 붙인 후 다음날 새벽 1시경에 일어나 '거사'를 시작했다.

곽 선생은 그때까지 가족에게 거사를 알리지 않았다가 현관문을 나서면서 부인에게 이를 처음으로 알렸고, 아들 곽승훈(郭承勳 · 29)에게는 현장까지 운전을 부탁했다(곽 선생과 우 위원장은 운전면허가 없다).

당일 새벽 1시 30분 곽 선생 집을 출발한 이들은 30분 후인 새벽 2시 탑골공원 현장에 도착했다.

차를 인사동 입구 쪽에 세워두고 세 사람이 '거사'에 돌입했다.

우선 곽 선생 부자는 망을 보며 거사를 도왔다. 승훈 씨는 인사동 쪽을 맡았고, 곽 선생은 인근 우측 파출소의 동향을 살폈다. 현판을 철거하는 일은 우 위원장이 맡았는데 이는 우 위원장이 '거사'를 곽 선생에게 제의한 주인공인데다 자신이 인테리어 업무에 종사하고 있어서 철거업무를 잘 알고 있었기 때문이었다.

현판 네 모서리에 박힌 대못을 빼내는 일이 쉽지는 않았다. 아래쪽 못 두개를 뽑는 데 20분이 걸렸다. 당초 사다리를 사용해서 할 계획이었으나 행인들의 이목을 감안해 장대에 낫을 매달아 철거하다보니 시간이 오래 걸렸다.

2시 40분이 지나서야 현판이 쿵! 하고 땅바닥에 떨어졌다.

3 · 1운동의 발상지, 민족운동의성지인 탑골공원에 친일 잔재를 청산하고 민족정기를 복원하는 순간이었다!!

당시 시각이 야심한 시간이기는 했지만 40여 분간의 작업 시간 동안 '방해자'가 아무도 없었다고 한다. 특히 당시 안개가 자욱해 시계도 흐린데다 인근 파출소에서는 평소 있던 경찰 백차도 그날

박정희 친필
'삼일문' 현판(위)

독립선언서 서체로 새로
제작한 현판(아래)

따라 없었고, 30여 분 동안 경찰관이 단 한 사람도 나와 보지 않았다고 한다. 곽 선생은 이를 두고 "지하에 계신 애국선열들이 도운 결과"라고 말했다.

이들은 현판을 떼어내자마자 곧바로 차로 옮겨 싣고는 향린교회로 가 거기서 기자회견 준비에 돌입했다.

한편 '삼일문' 철거 소식은 탑골공원 현관 인근에 있던 노숙자의 신고로 처음 알려졌는데 곽 선생 일행은 '삼일문' 현판을 떼 향린교회로 가지고온 후 재사용을 막기 위해 '박정희' 이름 석 자와 낙관을 정으로 훼손한 후, 잠시 논의를 했다고 한다. 철거자의 신분을 당당히 밝히지 않은 것이 마음에 걸렸던 모양이다.

그래서 우 위원장이 즉석에서 A4용지에 "3 · 1독립운동의 성지인 탑골공원에 왜군 장교 출신인 박정희가 쓴 삼일문 현판을 민족정기의 이름으로 철거 함. 2001. 11. 23 민족정기소생회"라는 내용의 글을 써서 타고 왔던 차를 다시 타고 탑골공원으로 가서 정문 기둥에 붙여놓고 돌아왔다고 한다.

'민족정기소생회'라는 단체는 이번에 이렇게 해서 처음 이름이 알려졌는데 이 모임의 대표를 맡은 곽 선생은 기자회견장에서 이 모임의 연원에 대해 답변한 바 있다.

곽 선생은 "해방 후 상해 임시정부 국무위원들이 중심이 돼 친일파 청산을 목적으로 '민족정기소생회'라는 단체를 발족했는데 (친일파들의 득세로) 빛을 못 보고 사라진 것을 이번에 다시 결성, 소생시켰다"고 밝혔다.

한편 경찰서 조사 과정에서 두 사람에게 공공기물손괴죄 이외에 '특수절도죄' 혐의가 붙여지더라는 것이다. 이유인즉 '삼일문' 현판을 철거한 후 이를 다른 장소로 이동시킨 것이 그 사유라고 하더라는 것이다. 그래서 두 사람은 이에 대해 항의한 후 '알아서 하라'고 해버렸다고 한다.

이들이 오전 11시부터 조사받고 유치장에 입감 시각이 (23일) 저녁 8시경이었는데 SBS '8시뉴스'에서는 이들의 삼일문 철거소식을 대대적으로 보도했다. YTN에서도 오후 1시 뉴스부터 삼일문 현판 철거소식을 매 시간마다 집중보도했다. 그리고 24일자 한겨레는 1면에, 대한매일, 경향, 중앙, 동아, 조선 등 조간신문에서도 이를 크게 보도했다.

우 위원장은 "이번에 언론자유를 실감했다"며 "특수절도범으로 몰릴 뻔했던 우리들이 불구속으로 풀려난 것은 모두 언론의 힘이었다"고 말했다.

오전 11시경 경찰에 긴급 체포되어 종일 조사를 받은 후 유치장에 유치돼 밤 9시경 잠자리에 들었다.

유치장 신세가 생전 처음인 우 위원장은 "이불을 덮고 있으니 상을 주기는커녕 잡범 취급하는 이 세상을 생각하니 눈물이 났다"며 "유치장 생활이 오래 지속되면 안에서 단식투쟁이라도 벌일 생각이었다"고 말했다.

그날 밤 10시경 곽 선생이 먼저 석방됐다. 뒤이어 이튿날 새벽 4시반경 우 위원장도 유치장에서 석방됐다. 예상외로 두 사람이 빨리 석방된 셈이다. 이를 두고 사람들은 여론이 좋지 않다는 것을 수사진이 의식한 때문이 아니겠냐고들 말했다.

혹자는 곽, 우 두 사람의 행동을 두고 '영웅심리'에 불탄 돌출적인 행동이라고 비아냥대는 사람들도 더러 있다. 그러나 이들의 '과거'를 설명 듣고 나면 다소 이해가 갈 것이다.

먼저 연장자인 곽태영 선생은 고대 출신으로 4·19 때부터 반독재투쟁을 전개해왔으며, 지난 65년 강원도 양구에서 당시 군납업을 하며 호의호식하고 있던, 백범 김구 선생 시해범 안두희를 처음으로 응징한 주인공이다. 들은 바에 따르면, 곽 선생은 당시 외부인에 대한 경계심이 컸던 안두희와 사귀기 위해 1년간 안두희 집 인근에 셋방을 잡고 평소 안두희와 바둑도 두고 하면서 친분을 쌓은 다음 기회를 포착해 그를 응징했다고 한다.

곽 선생은 지난해에는 민족문제연구소 등 시민단체 회원들과 함께 문래동 구 6관구 자리에 있던 박정희 흉상 철거에 주도적으로 참여했으며, 박정희기념관건립반대 국민연대 상임공동대표를 맡고 있다. 필자가 알기로 박정희에 대해 개인적인 원한은 없는 것으로 안다. 결국 그의 행동은 '공분公憤'인 셈이다.

1961년생(호적에는 62년생)으로 아직 미혼인 우경태 위원장은, 안중근 의사의 동지로 안 의사의 의거를 도운 우덕순 의사의 직계 후손(단양 우씨)으로, 권중희 선생과 함께 안두희 응징에 동참하면서 이 일에 참여하게 됐다.

지난 92년 권중희 씨가 곽 선생에 이어 안두희를 다시 응징한 후 펴낸 《역사의 심판에는 시효가 없다》라는 책을 읽고 민족 문제 현실에 눈을 떴다고 한다. 이후 우 위원장은 권중희 선생과 함께 안두희의 증언 채취 작업에 줄곧 동참해왔으며, 지난번(10월 26일) 거사가 불발로 그친 것을 못내 아쉬워하다가 곽 선생과 함께 이번에 거사를 주도했다. 백범 시해범 안두희를 정의봉으로 응징, 처단한 박기서 씨 등과도 모두 친분을 유지하고 있는 사이들이다.

이런 사정을 감안해보면 우 위원장의 거사 참여 역시 일시적인 충동이나 소영웅주의적 발상에서 시작한 것이 아님을 알 수 있다. 이들은 소위 '확신범'인 셈이다.

어제 한상범 교수 출판기념회 행사장에서 우 위원장은 필자와 애기를 나누다가 불쑥 이런 애기를 던졌다.

"사람들이 나보고 전라도 사람이 아니냐고 더러 묻는데 나는 경상도 의성 출신이며, 박정희가 태어난 선산과는 차로 20분 거리에 있다. 나도 고등학교 때까지 박정희를 존경했으며 훌륭한 분인 줄 알았다"고.

혹자는 박정희 친필 현판 '삼일문'을 그냥 걸어두는(혹은 떼어내

보관) 것도 의의가 있다고 주장하지만, 필자 역시 이에 동의하지 않는다.

대부분의 사람들이 '적절치 못하다'고 판단할 경우 즉각 실행에 옮기는 것이 마땅하다고 본다. 때론 실정법을 어기면서도 말이다. 실정법이라는 것은 시대 상황에 따라 그 가치평가가 상반되기도 한다.

마치 지난해 총선시민연대가 낙천·낙선운동을 한 것이 그 자체로는 불법이었지만 사회적 지지를 받은 것은 명분이 있는 일이었기 때문이라고 본다.

연장선상에서 '악법도 법'이니 지키라는 주장은 맞지 않다고 본다. 악법은 지키는 것이 능사가 아니라 강하게 주장해서 고치거나 폐지하는 것이 공중公衆을 위해 마땅하기 때문이다. 이번 '삼일문' 철거도 마찬가지라고 본다.

따지자면 이번에 박정희가 쓴 '삼일문'을 철거한 것이 문제가 아니라 앞서 일중 김충현 선생이 쓴, 멀쩡히 잘 있던 '삼일문' 현판을 떼어낸 행위가 문제가 아닐까?

일의 선후를 제대로 가리지 못하고 '전직 대통령의 글씨' 운운하는 당국자나, 일부 시민들의 주장은 민족정기라고는 한구석도 찾아볼 수 없는 그야말로 '얼빠진' 행동이 아니고 그 무엇이란 말인가?

2001. 12. 1. 정운현 기자

(전 대한매일 기자, 오마이뉴스 편집국장, 친일진상규명위원회 사무처장)

인천의 주방장

윤경세

출생과 어린 시절

나는 경기도 안성군에서 태어났습니다. 어릴 때 초봄 어머니와 함께 앞산에 나무하러 갔다가 낭떠러지에 떨어졌던 기억이 납니다. 아버지는 나에 대한 애정이 많아 그 당시 옆 동네 있었던 미군 부대에서 통조림을 자주 사다주셨고 새 운동화나 옷도 사다 입혀 주었던 것도 떠오릅니다.

나에게 자상하셨던 아버지는 어머니에게는 폭력을 자주 가하셨습니다. 두 분이 다투시던 어느 날인가는 아버지의 폭행을 피하려던 어머니가 그만 깨진 병을 밟아 쓰러지는 일이 벌어졌습니다.

어머니는 다음날 버스를 타고 수원에 있는 병원에 가서 치료를 받으셨고, 더는 참지 못하시겠다며 내 손을 붙들고 그 길로 가출을 하였습니다.

가출 후 제천에 있는 이모 집에 며칠 머물다 나와서 이곳저곳으로 나를 데리고 떠돌았던 기억이 납니다. 그러던 중 내가 다섯 살 때쯤에 외가댁으로 아예 들어가셨습니다. 외가댁에서 옆집 방을 하나 얻어주어서 지낼 수 있었던 거죠. 하지만 그 당시 외가댁도 너무 가난했습니다. 넉넉지 못한 상황에서도 받아주신 겁니다.

나중에 아버지가 찾아온 것으로 압니다. 그러나 외조부모님으로부터 혼이 나고 되돌아갔습니다. 얼마 후 어머니는 외가에서도 가출을 했고, 나는 두 살 아래 이모와 한 살 또 네 살 많은 이모 모두 여섯 식구와 살게 되었습니다.

외할머니는 떡국과 국밥 막걸리 장사로 우리 생계와 학비를 전적으로 책임지셨는데, 넉넉지 못한 살림이었기 때문에 나는 이 눈치 저 눈치를 보며 힘든 나날을 보냈습니다.

외할아버지 눈치와 막내 이모의 눈치를 보는 것은 어린 나이에 아무렇지 않게 넘기기에는 힘들었습니다. 하지만 외할머니가 사랑과 눈물로 저를 감싸 안아주셔서 눈물을 흘리면서도 견뎌낼 수 있었습니다.

그러는 가운데 여덟 살이 되어 초등학교를 들어가야 했는데 호적 미비로 1년 뒤 아홉 살에 학교에 입학했습니다. 제 기억으로 1학년까지는 잘 다녔던 것 같습니다. 하지만 2학년에 올라가서는 어머니가 육성회비를 보내주지를 않아 어렵게 견디다 3학년에 올라갔습니다. 하지만 육성회비 미납으로 한 주에 한두 번은 교무실로 불려갔으며 그때마다 거짓 핑계를 대다 보니 학교에 가기가 싫어졌습니다.

그렇게 결석이 많았지만 꾸역꾸역 3학년을 마치고 4학년에 올라 갔습니다. 하지만 3학년과 다를 바 없는 학교가 힘들었고 1학기에 친구들이 '쟤 또 교무실 끌려간다'고 놀리곤 하여 2학기부터는 학교 가기를 그만두었습니다.

그러나 외조부모님은 학교에 관해 아무 말을 하지 않았습니다. 그 후로도 외갓집은 더욱 힘들어지고 둘째 이모는 빚을 내어 중학교에 들어갈 정도였습니다. 외할머니가 내게 옆집에 가서 일을 도와주고 밥이라도 얻어먹어라 하여 옆집으로 가게 되었습니다.

옆집은 할머니와 아들 두 분이 사셨는데 닭과 돼지도 키웠고 나는 이러한 가축 기르기를 도우며 아울러 누에 키우는 일도 배우며 거들게 되었습니다.

그 후에 아들 중 한 아저씨가 청주 시내로 나가 전파사를 열었는데, 나는 그 전파사에서 가전제품을 수리하고 잔심부름 하는 일을 하게 되었습니다.

그 일도 2년 후 그만두고 집에서 놀다가 한 친구와 함께 기와공장에서 처음으로 일당 300원을 받고 일을 하게 되었습니다. 하지만 아침 7시부터 저녁 9시까지 일을 해야 했기에 어린 나이에 견디기에는 너무 힘들어 석 달 정도 하고 다시 그만두었습니다.

청소년 시절을 돌아보며

그 후 75년 4월 내 나이 열다섯 살 무렵 어느 날이었습니다. 집에 있는데 지서에서 순경 두 명이 갑자기 찾아와 나를 데리고 파출로 갔습니다. 그곳에서는 친구 두 명이 파출소에서 구타를 당하고 있었습니다.

들어서자마자 두세 명의 경찰이 나를 두들겨 패기 시작했습니다.

경찰이 "무얼 훔쳤는지 바른대로 대라" 하기에 어이가 없어 울면서 "저는 모르는 일입니다. 아무것도 안 훔쳤습니다" 하였더니한 경찰이 "이 새끼 더 맞아야 불 것이다" 하면서 가혹행위를 시작했습니다. 무릎 사이로 몽둥이를 끼우고 상체를 뒤로 젖히는 고문을 하였고, 심지어 볼펜을 손가락 사이 끼우고 손가락을 있는 힘껏누르는 고문을 하고 나중에는 몽둥이로 사정없이 때리기는 고문을파출소 골방에서 2~3일간 당했습니다.

그런 후 현장검증을 했지만 주인들은 없어진 물건이 없다고 했습니다. 하지만 경찰은 본인들이 훔쳤다고 하니 진술서에 서명하라고 하여 억지로 서명을 받아갔습니다.

그 당시 친구들은 너무나 가난한 집안이었기에 소명할 재간이없었습니다. 그 후 들리는 애기로 박정희가 전국 경찰서에 범죄 일제 소탕기간을 설정하여 수훈을 세운 경찰들에게 1계급 특진시킨다 하여 나와 친구들이 너무 억울하게 희생되었다고 했습니다. 우리를 취조한 양 모 담당 경찰은 1계급 특진되었습니다.

파출소에 끌려가 있을 때 조부모님의 둘째 아들인 아저씨가 용서해주라고 해도 소용없었습니다. 어머니가 오셔서 하염없이 눈물을 흘리며 "너에게 힘이 되어주지 못해서 미안하다" 하시며 "돈 많이 벌어 올 테니 그때까지 몸 상하지 말고 잘 지내라" 하시고 가셨습니다.

당시 어린 나이에 너무나 깊은 마음에 상처를 받고 또 누구 하나 나에게 힘 되어주는 사람이 없었기에 이후로 어떻게 세상을 살아가나 막막해 하며 눈물만 흘렸습니다. 그 후로 어머니는 다시금 오시질 않으셨습니다.

나와 친구들은 청주경찰서 유치장에 수감되었습니다. 그 당시 한 경찰이 "너희들 이와 같이 진술한 게 거짓이 아닌가?" 하고 말했을 때 "저희 진술은 사실입니다"라고 대답했더니 그 경찰이 고개를 갸우뚱했습니다.

파출소에서 두들겨 패고 고문하던 경찰들이 "본서에 가서 그런 일 없었다고 하면 또 다시 몽둥이로 맞고 고문도 할 거다" 하여 공포에 눌려 본서 경찰에 사실이라고 허위로 진술했던 것입니다.

우리는 청주경찰서에서 10일간 있다가 청주교도소로 이송되어 3개월 형을 살다가 여름에 출소를 하고 집으로 돌아왔습니다.

집으로 돌아와 열흘도 안 되어 파출소에 근무하는 경찰이 와서 파출소로 데려가 지금 무얼 하고 있느냐? 물으며 집에 계속 있으라 했습니다. 그런 연후 외할아버지가 나를 오라고 하여 갔더니 데리고서는 음성에 있는 어머니 집으로 갔습니다.

어머니는 그 무렵 재혼을 하신 지 얼마 안 되어 나를 돌볼 수가 없다고 했고 그러던 와중에 외갓집에서 다시금 연락이 왔습니다. 청주에 있던 아저씨가 "인천에서 다방을 하니까 올라가서 아저씨 밑에 있으라"고 연락이 왔다는 것입니다. 그래서 바로 인천으로 올라오게 되었습니다. 올라올 때 외가에서는 이젠 집에 오지 말라고 당부를 하였습니다.

인천에 올라온 75년 12월부터 신포동에 있는 다방에서 먹고 자며 일을 했습니다. 주방장과 아저씨, 아주머니가 시키는 일을 도왔으며 급여는 없었고 약간의 용돈을 중간중간 받아썼습니다. 아침 일곱시에 문을 열고 밤 열한시에 마치기를 반복해가며 쉬는 날은 한 달에 두 번 정도뿐이었으니 늘 피곤하고 힘들었습니다.

다방 일도 한 1년 정도 하다가 아저씨가 업소를 정리하자 나는 다방에 납품하던 재료상회를 통하여 동인천에 있는 다른 다방에 취직을 했습니다.

그 다방은 클래식 음악다방이어서 손님은 대다수 학생들이었고 급여로 월 6만 원을 받았습니다. 그렇게 생활하던 중 고향 선배를 통해 오동진라는 친구를 만나게 되었고 내가 사회에 나와 처음 사귄 친구가 되었습니다.

우리는 만나면 만날수록 더욱 가까워졌습니다. 혈혈단신으로 살아가는 것이 서로를 끄는 작용을 했나 봅니다. 이 친구는 인하대 야간부를 다니며 새벽에 리어카로 야채시장에서 야채를 받아서 팔고 오후에는 동인천에서 계란빵 장사를 했습니다. 오후 4시경 장사를 마치면 나는 이 친구 리어카를 다방 옆에 보관해 주었습니다.

청년시절과 80년대 민주의식의 성장

우리가 이렇게 지내는 사이 5·18광주항쟁이 일어났습니다. 내가 일하던 다방 앞 대로에도 많은 학생들과 시민들이 동인천역에서 답동 성당 앞까지 시위를 했으며, 최루탄 가스에 눈물을 흘리는 학생들을 업소 화장실로 데려와 씻을 수 있게 도와주곤 했습니다.

당시에 나는 병역문제가 걸려 있었습니다. 제 호적은 어디에 있는지도 몰랐고 고향 안성에 가서 몇 번이고 찾아보았으나 찾지 못하고 올라왔습니다. 그 후 제천에 계시는 이모부를 찾아가 이야기 했더니 내 호적을 이모부 집으로 올려놓으라 하여 올려놓고 인천으로 돌아왔습니다.

그 후 징병검사가 나와 안성에 가서 당고모와 당고모부를 만나 이런저런 이야기를 하던 중 아버지가 돌아가셨다는 말을 들었습니다. 아버지는 가출한 어머니를 찾으러 왔다가 외조부모님으로부터 혼이 나고 내려간 후 얼마 지나지 않아 돌아가신 것 같았습니다.

나는 고종사촌과 함께 안성 징병검사장에서 신검을 받고 4급 보충역 판정을 받고는 다시금 인천으로 올라왔습니다. 그 후 81년도 봄 다른 지역에 정착해보려는 마음으로 부산으로가 여기저기 일자리 찾아보았지만 연고도 없고 하여 대구로 옮겼습니다.

대구에서 어렵게 커피숍에 직장을 구해 일을 하게 되었습니다. 하지만 일이 아침 8시부터 밤 11시까지이고 휴무는 2주에 하루. 일이 매일 반복되다 보니 힘들고 지치고 피곤해 3년쯤 하다가 인천으로 다시 올라왔습니다.

올라온 뒤 85년 11월경 알고 지내던 형이 주안에서 커피숍을 개업한다며 저보고 주방을 보아달라고 해서 그 가게에서 일을 하게 되었습니다.

그러던 몇 달 후 어느 날 일입니다. 인천시민회관 앞과 옆에 평상시보다 많은 사람들이 모여 있어 이상하다 생각하며 그 주변을 살피며 다녔습니다. 시민회관 정문에서 뿌연 최루탄 가스가 날리면서 사람들이 눈물을 흘리고 재채기를 하며 나오는 게 보였습니다. 갑작스레 전경들이 최루탄을 쏘며 달려오고 있었고 여러 사람과 나는 눈물 콧물을 흘리며 겨우 가게로 도망가서 씻고 나서야 정신이 들었습니다.

그리고 밖으로 나와 보니 제일시장 방향과 주안 거리 쪽 앞에는 학생들이 연좌농성을 하고 있었고 그 앞에는 전경과 지프차가 있는데 갑자기 차 뒤편에 달린 리어카만 한 것에서 불이 나오며 탕, 탕, 탕 하며 물체가 날아왔는데 일명 지랄탄이었습니다.

현장에 있으니 얼굴이 후끈거리고 숨도 쉴 수가 없었고 눈은 아까보다 더 뜰 수가 없었습니다. 그 고통은 말로 표현하기 어려울 정도로, 당해보지 않으면 모르는 일입니다. 다시 가게로 들어가 씻고 나와서 시민회관 앞으로 갔습니다.

시민회관 사거리에는 페퍼포크 한 대가 왔다 갔다를 반복하고 학생과 시민들은 돌과 파이프 몽둥이를 들고 차량에 달려들었고 그때 차량이 후진하면서 학생과 시민이 치이는 것을 보았습니다.

그러한 대치상황에서 시민회관 사거리에서 전경들이 석바위 방향으로 계속해서 최루탄을 쏘고 이에 학생과 시민들은 전경들에게 돌과 화염병을 던지며 싸우는 것을 몇 시간 동안 보았습니다. 그 후로 동네 주위는 며칠 동안 최루가스 냄새가 가시지 않아 고생들을 많이 했습니다.

나중에 텔레비전을 통해 그날 있었던 시위가 5.3사태란 것을 알게 되었습니다. 그 이후로 나는 사회 현상에 대해 궁금증과 관심을 갖고 신문을 보았고, 정치에 대한 기사와 사설을 보면서 무엇인가 잘못되어도 한참 잘못되었구나 하는 생각을 했습니다. 그러면서 자연히 동인천의 다방에 있을 때 만나던 친구 생각이 들었습니다.

그 후 어느 날 87년 이른 봄(2-3월쯤) 저녁 6시 넘어 신포동에서 집으로 가던 중에 답동에 있는 성당 정문 앞에서 사람들이 모여 웅성웅성하는 소리가 나서 가보았습니다. 얼마 전 "책상을 탁하고 쳤더니, 억하고 죽었다"는 박종철 군 추모식 날이었습니다. 순식간에 사람들이 모여서 구호도 외치고 하던 중 갑자기 최루탄을 터뜨리며 '잡아라' 하는 소리가 들려 나와 사람들은 옆집 가게 안으로 뛰어 들어가고 어떤 사람들은 붙잡혀 질질 끌려갔습니다.

그날 시위를 보고서 더욱 사회문제에 관심을 갖게 되었습니다.

그러던 중 그해 6월 어느 날, 거리에 유인물이 뿌려져 있는 것을 주워보니 '부평으로 모이자' 하는 유인물이었습니다. 가보았더니 그것이 바로 6월 항쟁의 시작이었습니다.

그 당시 부평역에서 대우자동차 방향으로 돌과 화염병을 던지며 진격했다가 백골단이 진압해오면 옆 골목길로 들어가 대열을 정비해 다시 돌멩이와 각목을 휘두르고 화염병 투척을 하며 일진일퇴를 반복했습니다.

이러한 싸움이 몇 날 며칠 계속되던 중 한번은 백골단이 덮쳐서 남의 집으로 들어가자 그 집까지 들어왔으나 우릴 잡지 못하자 최루탄을 집 곳곳에 터뜨리고 갔고 우린 다시 나와서 대열을 정비 다시 싸웠습니다.

하루는 백마장쪽에서 대우차 방향으로 진출 과정에 돌을 얼마나 많이 던졌는지 당시 전경들이 한쪽에 6~7명씩 날아오는 돌을 막기 위해 그물망을 쳤었는데 그게 넘어져 가는 걸 보기도 하였습니다. 당시의 시위는 밤 10시, 11시까지 하는 게 보통이었고, 다음날 오전 10시부터 다시들 만나서 대열을 갖추고 전경들과 맞붙었습니다. 그만큼 맹렬했던 때입니다.

이러한 치열한 투쟁 가운데 최루탄에 의해 이한열 군이 사망했다는 소식을 뉴스에서 들었고 더욱 많은 시민, 학생들이 거리로 나와 '독재타도' '호헌철폐' 구호를 외치며 당시 국민운동본부 인천지부 집행부의 지침에 따라 송림동 로타리로 가던 중 한 가게 주인이 시위대를 향해 총을 쏜 사건도 있었습니다.

프락치 오해와 운동을 통한 인연

당시 나는 직장도 그만두고 시위에 합류하면서 그해 6월은 그렇게 보냈습니다. 그 후로도 몇 번 유인물을 보고 내가 나타나면 사람들이 수군대며 흩어지는 것을 보면서도 그들에게 물어보았지만 오늘 집회가 없다며 사라지곤 하였는데, 당시 사람들은 나를 연고도 없고 집회만 있으면 나타나니 프락치로 오해한 것이었습니다. 그 후 답동 성당 앞에서 시위가 있다고 해서 참석했습니다. 시위를 하던 중 경찰 진압에 밀려 성당 안으로 들어가서 점거 농성을 했는데 노동자, 학생, 시민으로 나누어 규찰, 교육, 회의를 진행하며 농성했습니다. 그러다 80년도에 만나던 친구 동진이를 농성장에서 우연히 만났습니다. 동진이도 깜짝 놀라 하더군요. 너무 반가워 둘이 한참 이야기했습니다. 그러다 들은 얘기로는 친구가 주위에서 프락치라고 의심하여 나를 친구라고 제대로 말을 못했답니다.

당시 나는 시민 측에 가담하여 규찰대에 속했고 우리의 요구를 결정하여 내무장관 교체를 요구했으며, 그에 더하여 경찰의 사과 및 연행자 석방도 요구 조건으로 내세웠습니다.

그때 시민 쪽 조장은 현재 한나라당으로 간 사람이었고 내가 하는 역할은 저녁 6시 성당 앞 시민들과 집회를 할 때 각목을 들고 집회를 보호하고 밤에는 밤을 새며 규찰을 했습니다.

어느 하루는 비가 밤새도록 왔는데 그 비를 다 맞고 규찰을 서면 다음 날 유가협의 어머니들이 옷과 양말을 가져다주어 갈아입기도 하였습니다. 그로부터 5일 정도 뒤에 농성을 마무리하고 집으로 돌아갔습니다.

그 후 어느 날 부평 4공단에 속한 태연물산 공장에서 노동조합을 결성한 뒤 구사대에 의해 무자비하게 탄압이 진행되고 있다 하여 그곳에 참여하게 되었습니다. 당시 태연물산은 완구공장으로 여성 근로자가 대부분이었습니다.

그중에 박인숙 위원장은 반바지를 입고 나왔는데 피멍이 든 곳이 여기저기 보였고 여러 조합원들이 구타당하는 것을 보고, 어떻게든 도와주어야 한다는 생각으로 회사 정문 앞에서 100여 명이 2박 3일간 농성에 돌입했습니다. 후에 안 일이지만 상철이라는 근로자는 구사대에게 목에 칼이 찔려 병원에서 치료까지 받았다고 했습니다. 목숨을 걸고 싸웠던 것입니다.

지원 나간 우리는 똘똘 뭉쳐 밤새 농성을 하였고 조합원들도 틈틈이 농성을 진행했고 이틀째 되는 날 저녁 친구인 동진이가 왔습니다. 모 회사 노동조합 결성을 내일 한다고 하면서 우리의 요구사항을 알리고 돌아갔습니다.

다음 날 노동조합과 태연물산 사장과의 합의하에 노조 인정, 임금 인상, 수당 및 상근자에 관한 여러 가지 합의를 이루어내어 우리는 해산을 했습니다.

그리고 87년 8, 9월 중 숭의동에 있는 택시회사서 김장수 기사가 분신을 했다고 하여 또한 그곳으로 달려가 회사에 다다르니 정문에 경찰과 회사관리자들이 막고 서 있었습니다.

우리는 조합원들과 함께 시위했고 며칠 몇날을 싸워 합의를 이끌어냈습니다. 그런 연후 김장수 열사의 장례를 치르고 마석 모란공원에 안장했습니다.

이 후로 나는 친구가 얻어놓은 월세방으로 거처를 옮기고 그 방에서 5명(독사, 릴라, 철구와 동진, 나)이 함께 기거했습니다. 나와 3명은 5공단 주방제품 만드는 공장에 다녔으며 릴라는 봉제공장에서 일했습니다. 십정동 닭장집으로 불린 그곳에서 다섯 명은 우정을 쌓아나갔으며 그러던 와중에 송림동 사랑방교회를 알게 되었습니다.

그 당시 교회에는 실무자가 송영길 씨와 부인, 전도사 그 외 몇 명이 더 있었는데 릴라도 반상근하는 거 같았고, 박종렬 목사도 함께하며 이런저런 얘기를 많이 들었습니다.

사랑방교회에서 광주항쟁 방송을 보고 노동운동을 해야겠다고 생각을 하면서, 전도사가 주선한 일용 노가다도 하고 집회에도 참가하며 생활했습니다.

인천지역해고노동자협의회(인해협) 생활

그 후 화수동 일꾼교회 3층에 있는 인천지역해고노동자협의회를 한 번 방문했는데 나에게는 생소한 생각이 들었던 그곳에서 정착하게 되었고 당시 많은 해고자와 오순부 선배, 사무장인 지선 누나, 학철이 형, 대우중공업 해고자 이종률 형과 다람쥐, 혼수상태 등 여러 사람과 실무자들이 함께 생활했습니다.

내가 하는 일은 부당해고당한 해고자들이 아침에 출근해 회사에 뿌리는 유인물을 같이 뿌리거나, 다른 사업장이 급한 상황이면 지원 나가고 또 집회에 참석하는 것이었습니다.

당시 '인해협'은 재정 상태가 형편없어 하루 밥 한 끼 외는 주로 라면으로 때우는 데도 '인해협'에 상담하러 오는 해고자들이 많았습니다. 이러한 상담을 통해 그들이 많은 것을 배워갔습니다.

그러는 도중에도 나는 주방 일을 도맡게 되었고 밥 한 끼라도 잘 먹을 수 있게끔 최대한 노력하다 보니 일명 '주방장'이라는 별명을 얻기도 했습니다. 학철이 형이 최초로 나에게 붙인 호칭인 '주방장'은 그 뒤로도 계속 따라다녔으며, 당시에는 본명 대신 가명을 썼기 때문에 더욱 '주방장'이라는 이름으로 통하게 되었습니다.

어느 날 날씨는 추워지고 방바닥은 차가와 지선 누나에게 연탄 보일러를 설치하자 했더니 누나가 돈을 마련하여 설치는 내가 했습니다.

그렇게 하루 이틀 지나다 보니 사람들을 많이 알게 되었고 당시에 나름대로 '인해협'을 찾아오는 노동자들에게 간단한 상담도 할 수 있게 되었습니다.

한 번은 가투집회를 하다가 불발 최루탄을 주워와 해협 주위 모래에 묻어두고 다음 꼭 필요하면 쓰려고 하기도 했던 기억이 납니다.

87년 대선에 대비하여 홍보유인물을 들고 유세장에서 나누어주려다 잡혀갈 뻔한 적도 있었으나 멈추지 않고 유세장마다 다니면서 반노태우를 알려나가는 일에 힘을 다했습니다. 그러다 명동성당에서 후보단일화 집회가 있다고 하여 올라가서 집회에 합류하던 중 백골단, 경찰과 마주쳐 그들이 최루탄을 쏘며 진압해오자 우리는 돌과 화염병으로 맞서 싸우며 명동성당 점거농성에 들어갔습니다.

명동성당 점거농성에 당황한 수녀들이 성당에서 나가달라고 했고 한 신부도 강하게 퇴실을 요구하자 한 친구가 화염병에 불을 붙여서 달려드니 수녀와 신부는 도망을 가기도 했습니다.

그렇게 하여 성당 우측 교육관을 농성장으로 자리 잡았고 돌멩이를 모으고 화염병을 만들며 싸움을 지속했는데 엄청 나게 많은 백골단이 쳐들어와 우리가 성당 본당까지 밀리는 상황까지 갔습니다. 그러던 중 수녀와 신부들이 성당 침탈에 강력하게 항의하자 경찰들이 물러갔고 상황을 정리하며 조를 구성하고 규찰도 강화하고 하룻밤을 지내게 되었습니다.

잠은 건물 계단 아래서 어디서 가져왔는지 스티로폼을 깔고 잤으며 오전 집회와 저녁 집회를 반복했습니다. 하루는 저녁 집회 중간에 농성자 한 명이 "저 놈 잡아라" 하고 큰 소리를 쳤는데 순간적으로 주먹질과 발길질이 지목당한 자에게 마구 가해졌습니다. 사복경찰이었습니다. 그 경찰은 얼굴에 피범벅이 되어 있었고 집행부에서 성당 내 신부에게 데려갔습니다.

소리를 질렀던 시위자는 시위 중 잡혔을 때 그 경찰에게 많은 폭행을 당해 얼굴을 기억하고 있었답니다. 경찰은 집행부와 신부 앞에서 조사를 받고 그 경찰과 우리 측 연행당한 사람들과 맞교환을 했습니다.

우리가 후보 단일화가 물 건너갔다는 소식을 듣고 농성 마지막 밤을 보내던 중 새벽 3시경 조장이 불러서 갔더니 사과탄 2개를 건네며 '새벽 4시까지 서울역 앞으로 오라' 하여 임무를 주는 것이었습니다. 마음을 다잡고 개별적으로 한 명씩 빠져나와 서울역으로 갔더니 10여 명이 기다리고 있었습니다. 그들과 함께 성남행 좌석버스를 타고 성남으로 내려갔으며 따뜻한 밥과 국을 먹자며 가까운 식당으로 들어가 오늘의 행동수칙을 받았습니다.

오전 10시 성남 유세장에 들어갈 때 모자에 어깨띠를 두르고 피켓을 들고 유세장 단상 7미터에서 일렬로 서고 누가 소리 내어 구호 외치면 주머니 최루탄을 단상으로 던진다는 계획이었습니다.

94

행동수칙을 받고서 유세장으로 가서 수칙대로 늘어섰습니다. 연설이 단상에서 시작되니 많은 인파가 몰려왔으며 그러던 중 11시경 노태우가 올라왔습니다. 연설을 할 때 우리는 수신호를 받고 주머니에서 각가 최루탄을 꺼내 단상 위로 일제히 투척했습니다. 여기저기서 펑 펑 사과탄이 터졌고 단상은 아수라장이 되었습니다. 위에서는 "저 놈 잡아라" 하는 고함 소리가 들렸습니다. 대부분 나이든 사람들이어서 가스에 이리 몰리고 저리 몰리고 난리여서 유세가 중단되고 뒤에서는 '김대중' '김대중' 구호가 들려왔습니다.

경찰과 노태우 지지자들에게 잡혀 엄청나게 구타를 당하고 있을 때 우리 측 100여 명이 들고 있던 피켓을 떼고 각목과 돌을 들고 경찰과 노태우 지지자들 몰아냈습니다. 그리고 친구들을 데리고 유세장을 빠져나와 나는 인천으로 돌아왔습니다.

그렇지만 대통령 선거 결과는 허무했습니다. 그 허무 뒤의 운동 후유증도 심각했습니다. 노태우는 대통령이 되자마자 이내 공안정국으로 몰고 간 것입니다.

노동운동, 나의 삶이 되다

1988년을 맞이한 나는 노동운동을 해야겠다고 결심하여 5공단에 있는 50명 노동자 규모의 인조 꽃을 제조, 수출하는 유일실업에 입사했습니다.

생산직에 남자는 나 외에 다섯 명 정도였고 그중 2, 3명은 사장

과 친척관계였습니다. 입사 후 한 달쯤 지나 같은 부서에 일하는 동료 중 두 사람에게 잔업이 없는 날 술 한잔 하자고 하여 셋이서 호프집으로 가서 진탕 마시고 그런 후부터 우리는 자주 만나게 되었습니다.

한 친구인 강은 서산이 고향이고 군대는 공수부대 출신이었으며, 방통대에 다니면서 사회에 관심이 많았습니다.

또 한 친구인 배는 성격이 좀 소극적이고 어딘가 불만이 많았습니다. 만나는 횟수가 늘어나다 보니 자연스레 임금과 관련한 이야기가 나왔는데 불만들이 많았고 우리는 임금인상 투쟁의 날을 잡아서 하나둘 준비해나갔습니다.

당시 임금은 일당 4천 원. 잔업을 포함해도 한 달에 고작 14만 원을 받았습니다.

사람들을 접촉하면서 파업이 3월 20일경 있으니 동참해달라고 하면서 몰래몰래 사람들을 모았습니다.

그 당시는 노태우정권이 들어선 지 한 달밖에 안 되었을 때입니다. 그해 엄청난 노사분규로 노태우는 공안정국으로 몰고 가면서 쟁의에 대해 엄중하게 대처한다고 매일 뉴스에 나왔습니다.

사회 분위기는 싸늘했지만 우리는 투쟁 준비를 계속해나갔습니다. 파업 전날 '인해협'에 가서 파업에 대해 이야기하니 학철이 형이 공안정국이니 파업 후 탄압이 심할 거라며 연기하는 것이 좋겠다고 염려했습니다. 하지만 예정대로 우리의 요구안과 노래 등을 담은 유인물을 만들고 다른 단체에게도 얘기해 이불과 녹음기 테이프 등을 빌려와 밤을 새워 준비했습니다.

다음 날 출근하여 곧바로 식당으로 50명이 들어가 점거농성을 했습니다. 우리 몇 명은 각자 역할분담을 하여 일사천리로 파업을 진행시켰습니다. 페인트 깡통을 두드리며 노래하고 구호 외치며 사장에게 협상에 응하라고 요구했습니다.

그 당시 구호는 '우리도 인간이다. 인간답게 살고 싶다', '일당 700원 인상하라', '작업조건 개선하라' 등으로 한 명의 이탈자도 없이 농성을 하며 하루가 지났습니다.

몇 명은 회의를 하고 몇은 번갈아 규찰을 서는 가운데 이튿날 회사 측이 협상에 응해 의견을 나누었습니다. 하지만 합의점을 찾지 못하고 결렬되어 우리는 더욱 힘차게 우리 요구를 외쳤는데 이러한 사안을 주위의 공장 노동자들이 관심 있게 지켜보고 있었습니다.

이렇게 5일째 되는 날 회사와 합의하게 되었고 일당 500원 인상, 작업환경 개선 등을 이루어내고 일상으로 돌아갔습니다. 파업을 한 후 우리 노동자들은 사이가 더욱 돈독해졌고 서로의 신뢰가 쌓아져갔습니다.

그 뒤에도 우리는 광주민중항쟁 기념식에 3인이 참석, 돌과 화염병도 던져보았습니다.

그러다 나는 '큰 회사에 들어가야겠다'고 생각해 유일실업을 퇴사하고 여러 곳의 집회에 참가하는 싸움을 전개해 나갔습니다.

그러던 중 5공단에 있는 세창물산은 장기파업으로 재정이 바닥나자 재정을 모으려고 일일주막 현수막을 굴뚝에 걸려고 올라갔다가 세창물산 노동조합 사무장이 추락사하는 사고가 발생했습니다.

세창물산으로 지원투쟁을 갔더니 조합 측에서 시신을 경찰이 탈취할 것 같으니 병원으로 가야 한다고 해 병원으로 갔습니다. 오전 9시와 오후 7시 집회를 통해 한 치의 흔들림도 없이 일치단결, 자고 먹고 한 달 이상 농성을 하던 중 회사 사장과 협상이 타결되고 농성을 풀고 장례식을 치르게 되었습니다. 장례식 날에 김대중 씨가 속한 정당에서 방송 차량을 제공하여 이 차를 선두로 영구차가 따르고 우리는 그 뒤를 따라 마석 모란공원묘지에 안장을 하고 돌아왔습니다.

그 후 세창물산 노조에서 주점을 연다 하여 방문해 술을 한 잔씩 들 하고 있는데 경찰들이 들이닥쳤습니다. 이를 막으며 대치하던 중 갑자기 경찰이 방패를 휘둘러 나는 눈 위를 다쳐 5바늘을 꿰맸으며 이도 부러져 오순부 선배님과 함께 경찰서에 항의 방문하여 당시 20만 원 합의금을 받았습니다.

얼마 뒤에 6공단에 있는 대신전기에서 파업을 했습니다. 파업 도중에 위원장이 경찰에 연행되고 경찰과 대치 중에 있다는 지원 요청이 왔습니다. 나도 대신전기에 가서 파업에 동참했는데 그때 지원 나온 사람들이 많았습니다. 우리는 화염병을 제작하고 규찰대를 조직하며 최선의 지원을 다했습니다.

대신전기는 당시 수소를 재료로 하는 자동차 전구 생산공장이었는데 우리는 수소를 가지고 경찰이 접근하지 못하도록 위협을 가했습니다. 어느 날 저녁 9시경 회사 정문 옆 도로 앞에서 4명이 서성이기에 '누구냐?' 고 소리치자 조합원 몇 명이 달려와 합류하고 그들을 확인하니 동부경찰서장과 정보과 대공과 형사들이었습니다.

우리는 화염병에 불을 붙인 채 들고 있었는데 서장이 "도로에 수소통을 배치하는 것은 불법이고, 화염병에 맞아 죽은 사람은 없어도 최루탄에 맞아 죽은 사람 있다"며 비아냥거렸습니다. 그 소리를 듣고 규찰대원 중 누군가 화염병을 투척하자 그들은 바로 도망을 갔습니다.

그런 일이 있은 뒤 우린 더욱 긴장을 다지며 규찰을 강화했고 계속 농성하여 사측 대표와 협상을 했습니다. 하지만 협상을 계속해 결렬되었습니다. 당시 위원장은 구속된 상태라 사측에서는 제3자들은 사업장에서 나가라 하였으나 우린 아랑곳하지 않고 농성에만 집중했습니다.

파업이 쉬 끝날 기미가 보이지 않고 한 달을 넘어가고 있었습니다. 어느 날 오전 지원 나온 사람들 끼리 회의를 열어 파업이 장기로 가니 일단 철수를 하기로 결정했습니다. 그날 옆 회사 노조위원장이 라면 한 상자를 들고 지지방문을 했습니다. 점심 겸 라면으로라도 끼니를 때우고 떠나려 하던 차에 갑자기 백골단이 정문을 향해 달려 들어오며 사과탄 던지는 게 보였습니다. "백골단이다" 소리쳐 알리고 화염병을 투척하며 방어했으나 갑자기 들이닥친 상황이라 제대로 대처를 못 하고 뒤로 밀렸습니다. 회사 쇠그물 담벼락이 무너지고 옆 회사 정문으로 달려가니 전경들이 그 회사 정문까지 둘러싸고 있었습니다.

우리는 가까스로 빠져나와 주안역 뒤 골목장에 있는 '내일을 위한 집'에 가보았습니다. 그곳에서 들은 소식은 대신전기 파업의 제3자 개입으로 삼지실업 노조위원장이 잡혀갔다는 것입니다. 그 뒤 한 사람이 나를 찾아와 조심하라며 주의를 주었다. 며칠 후에 대신전기는 협상이 타결되고 정상조업을 하게 된다고 하여 우리는 다시금 흩어졌습니다. 그렇게 하여 일상생활로 돌아갔고 계속해서 각종 집회도 참가했습니다.

치열했던 투쟁의 기억

그러던 어느 날 목재단지에 있는 한 자동차부품 공장에서 지원요청이 들어와 가보니 50여 명이 파업 중이었습니다. 위원장을 만나니 나에게 규찰을 담당해달라고 했습니다. 1층은 식당이고 2층은 사무실이어서 옥상에다 천막을 치고 화염병을 만들고 돌을 모으고, 혹시나 해서 경유도 세 말을 준비했습니다.

이튿날 나는 시골에 볼일이 있어 시골로 갔다가 이틀 뒤에 인천에 오니 상황이 엉망이었습니다. 부품공장에서 협상하자고 하여 협상 중 구사대가 쳐들어온 것입니다. 조합원들은 흩어지기도 하고 잡혀가기도 했으며 옥상에 13명만 남고 나머지는 보이질 않았습니다.

2층에 지원 나온 형 두 명과 그 외 지원자들이 있었습니다. 회사 측 한 관리지가 와이어 가닥을 들고 우리를 내리칠 듯 협박을 하며 떠나라고 위협했습니다. 그래서 옆으로 비켜서서 이 과정을 끝까지 지켜보며 만일 집행부가 법정에 서면 이를 증언하려고 했는데, 그때 옥상에서 13명이 무언가를 읽고 있었는데 유서를 작성해서 읽는 소리였습니다.

건물 2층 옥상과 공장 옥상이 높이가 같았습니다. 공장 옥상의 구사대는 농성자들의 유서 읽기가 끝나자 갑자기 화염병과 돌을 2층 옥상 농성자들에게 던졌습니다. 2층 농성자들도 돌과 화염병으로 강하게 저항하다 13명 중 한 사람이 무얼 던졌는데 터지는 소리가 엄청 났습니다.

서로 잠시 멈추고 무엇이 터졌는가 보니 부탄가스처럼 생긴 깡통이었습니다. 여하튼 몇 개가 더 터지고 화염병이 날고 하던 중 옆 공장 불량 플라스틱을 쌓아 놓은 곳으로 화염병이 날아가 불이 났습니다. 경찰들은 골목골목을 차단하고 양측 싸움은 더욱 격렬해져 가는데 한 조합원이 기름 한 말을 1층에다 붓는 걸 보고 깜짝 놀았습니다.

1층은 식당에서 쓰는 가스 50킬로 통이 세 개나 있는 곳이었습니다. 조합원은 위험하게도 기름을 가스통에 붓고 화염병을 던졌습니다.

순간적인 일이라 사람들과 구사대, 경찰도 어떻게 해야 할지 모르는 상황이었습니다. 옆 공장에는 불이 점점 더욱 크게 번지고 가스통에 기름을 더 많이 부어 활활 타들어 갔습니다. 옆 공장 야간 작업을 하고 있던 노동자들은 작업을 중단하고 다들 도망치고 심지어 경찰들도 모두 도망가버렸습니다.

우리는 모여서 우리가 해야 할 일을 찾으려고 의논 중인데 소방차가 와서 가스통 불을 끄고자 계속 물을 뿌렸고 옆 공장 플라스틱의 불도 껐습니다. 나중에 안 일이지만 5분만 더 불이 붙어 있었으면 가스통이 터졌을 터이고 지하에는 1톤가량의 가스가 매장되어 있었다고 했습니다. 엄청난 사고를 다행히 막았던 겁니다.

그날 이 후로도 우리는 모여서 상황을 지켜보고 있었는데 회사 관리자(군 출신)가 찾아왔습니다. 그가 하는 말이 우리 외부자들이 있어 협상이 잘 안 되니 돌아가 달라는 겁니다. 그래서 간단한 회의 후 철수를 했습니다.

이틀 후 소식을 들으니 합의하기를 민형사상 책임을 지지 않고, 조합원들은 회사를 정리 정돈 하는 것으로 결론이 났다고 했습니다. 그 이후에도 나는 여기저기 집회를 다니며 가끔 조합원들을 만나 이야기도 하면서도 만날 때마다 미안한 마음을 갖게 되었습니다.

노조를 결성하다

88년도를 이렇게 보내면서 취직에 몰두했습니다. 그 후 89년 2월 말경 6공단에 있는 동명통상에 이력서를 넣어 직장을 구했습니다. 자리를 얻어 출근해보니 나 외에 안면이 있는 한 명이 더 있었습니다. 가투나 집회 시에 자주 보았던 얼굴이었습니다.

우리는 입사 동기가 되었고 둘은 퇴근해 주안역 뒤 시장 안 곱창집에서 술도 자주 마셨습니다. 친구는 프레스반 나는 압출반에 속했고 하루 일당은 4000원 정도였습니다. 우리는 주야간 맞교대를 했고 하루는 동기가 와서는 끝나고 술 한잔 하자 하여 저녁에 한잔 하면서 1년만 있다가 노조를 결성하자고 하자는 이야기를 주고받았습니다. 출근한 지 보름 정도 지나서 회사의 한 동료가 내게 찾아와 형을 알고 있다며 퇴근에 만나잡니다.

약속한 장소로 가보니 그 장소 5, 6명이 더 있었습니다. 서로 인사 나누고 얘기를 들으니 지금 노조 결성을 준비하고 있다며 동참하자고 제안을 해왔습니다. 조금 당황했습니다. 1년 뒤를 생각하고 있었는데 입사한 지 20일도 안 되어 노조를 결성하자는 제안을 받은 겁니다. 동기와 함께 생각을 하다 결국 동참을 하게 되었습니다.

우선 월급을 수령하여 쟁의기금을 마련해야 했기에 노조 결성 보고대회를 3월 11일로 정하고 그 전날 10일 저녁 8시 '골목집'에서 만나 동명통상 노조 결성식을 가졌습니다.

준비위원장부터 각부 부장들과 쟁의부장인 나까지 총 7명이 선

89년 인노협의
하기수련회에서의
즐거운 물놀이(위)

89년 봄 인노협의 선봉대
야외 단합대회에서(아래)

두에 섰습니다. 그 자리에 나온 13명이 월급에서 1/5을 쟁의기금으로 내고 결성식을 여니 회사는 노조가 설립된다는 소식에 관리자들을 주안역 뒤편 이곳저곳에 배치하여 감시를 했습니다.

우리는 이튿날 오전 7시 30분 회사 정문 앞으로 몰려가 구호를 외치며 노조 결성을 했다고 동료들에게 알려 나갔습니다. 그런 후 8시 30분 노조결성보고대회를 연좌농성 형태로 진행했습니다. 하지만 회사는 출근하는 동료 노동자들을 불러 모아 다른 곳으로 데려갔으며 동료 노동자들은 우리의 눈치를 보며 관리자들을 따라갔습니다.

우리는 연좌농성을 하며 회의 후 회사를 점거농성하기로 결정했습니다. 구사대와 관리자들은 우리 측에서 2인 1조가 되어 2층 사무실로 올라가 한 명씩을 몸싸움으로 데려오길 수차례. 하지만 그네들은 회사 뒷담을 허물고 다시금 2층 사무실로 들어갔습니다. 그걸 보고서는 안 되겠다는 생각에 나는 몰래 회사 빠져나왔습니다. 주변 대신전기, 삼화알미늄, 대동프라스틱 노조와 그 외 몇 노조에 지원을 요청하기 위함이었습니다. 도움을 청하자 퇴근 시 주변 노조원들 7~8백 명이 지원을 와주었습니다. 우리는 2층에 있던 구사대와 관리자들을 끌고 내려오기를 반복하던 중 관리이사가 (사장 동생) 자기네들이 다 나가줄 테니 회사 집기들은 건들지 않기로 합의 후 다 빠져나갔습니다.

당시 지원 나온 유재관 친구가 경비실에서 지원 나온 노조원들을 모아 조편성, 규찰 장소 등을 결정하는 회의를 했습니다. 우리는 지원노조원들과 함께 취약한 곳을 용접하고 바리케이드를 쌓고 화염병을 만들어 곳곳에 배치했습니다.

그러던 중 유재관 친구가 다가와서 우리에게 1명만 남고 다들 휴식과 잠을 청하라고 했습니다. 나머지 지원 나온 노동자들 100여 명은 회사 곳곳에 조편성을 하여 교대로 규찰을 서고, 나와 유재관은 경비실에서 규찰을 서며 이런저런 애기를 나누며 밤을 보냈습니다. 다음 날 아침 7시 30분 다 모여 약식 집회를 연 후 지원 나온 노조원들은 각자 회사로 출근했습니다.

우리는 각자 역할에 충실히 하였고 오후 총무과장이 찾아와 협상을 하자고 하여 우리 측 몇 명이 모여 협상 대표를 구성하고 1차 협상을 경비실 앞에서 진행했습니다.

우리 측 요구는 1. 노동조합 인정, 2. 주 44시간 근무, 3. 임금 2000원 인상, 4. 노조 상근자 2명 인정, 5. 조합 간부 월 20시간 노조활동시간 인정, 6. 모든 민형사상 법적 책임을 지지 않는다는 것이었습니다. 그 요구를 전제로 1차 협상에 들어갔습니다. 하지만 협상은 한 시간 만에 결렬되고 다음 날 2차 협상 갖기로 하고 다시 농성에 들어갔습니다. 그리고 저녁 6시 30분 유재관 외 주변의 노조원 150여 명 정도가 지원을 나와서 각자 맡은 위치에 가서 밤새 규찰을 서고 아침에 다시 출근하는 일을 반복했습니다.

유재관 친구는 열과 성을 다해 조직적으로 협조를 해주어 참 좋은 친구라고 생각했습니다.

파업투쟁 5일째 되는 날 극적인 합의를 이끌어내었습니다. 1. 임금 1700원 인상, 2. 상여금 50% 인상, 3. 노조 인정, 4. 노조 상근자 2명 인정, 5. 유해수당 인정, 6. 노조간부 월 20시간 활동 인정,

1990년 인천지역사회운동연합 수련회에서 동료들과 함께

7. 민형사상 책임 묻지 않는다는 합의서에 양측 도장을 찍었습니다. 우리는 다음 날 일상 근무로 돌아갔습니다.

그 이후 우리는 지역의 노동조합의 조합원들 참석하에 노동조합 현판식을 갖게 되었습니다.

아픈 기억들, 하지만 부활하는 죽음들

1990년대는 노동 현장에 민주화가 진행된 시대였던 만큼, 그 민주화를 이끌어낸 사람들의 목숨을 건 투쟁이 많았던 때이기도 합니다. 뜨겁게 투쟁하며 선봉에서 이끌었던 유재관 친구도 가슴 아

인천지역사회운동연합 동료들과 함께 북한산의 수련회

인천지역의 여러 선배님들과 함께

프게도 노동현장에서 운명을 달리했습니다. 90년대에 운동단체의 조직 결성을 준비하던 중의 일입니다. 경찰이 조직 결성에 대한 정보를 입수하여 사무실로 침입해 들어와 피하는 과정에서 실족해 추락사한 것입니다.

또한 인천 5공단에 있는 경동산업에서의 분신 사건도 잊히지 않습니다. 회사 측과 맞서고 있던 노동자들이 복직 문제를 놓고 농성을 하는 과정에서 발생한 일입니다. 경동산업 노동자 세 명이 회사의 교묘한 공작적 작태에 분개하여 분신을 감행했습니다. 그들은 모두 영어의 몸이 되고 말았습니다. 그 죽음이 떠오릅니다. 아픈 기억이지만 내 삶이 된 운동처럼 그 죽음들 또한 내 삶에서 계속 부릅 뜬 눈으로 함께할 것입니다.

현재 '운동초심모임'에 수년간 함께해오며 2012년 총선, 대선에서 이 나라의 정치 변화를 위해 작은 힘이나마 보태보려고 움직이고 있습니다. 그들의 죽음을 기억하는 것이 곧 저에게는 초심이며 '운동초심모임'을 통해 얻고자 하는 연대의 길입니다.

또한 작은 소망도 있습니다. 지금은 비록 도시에 있지만 농촌에서 태어난 나로서는 흙냄새를 잊을 수가 없습니다. 그래서 작은 규모지만 과수 농원을 일구고 있고 아울러 몇 천 수의 닭도 키우고 싶습니다. 소망이라면 스러져가는 이 땅의 농업기반에 자그마한 활력이라도 주고 싶다는 겁니다.

길가의 돌 하나

이화규

나의 소개와 운동적 삶 이전의 생활

산다는 것 자체가 나그네 길이다. 그래서 사람들은 "인생은 나그네 길 어디서 왔다가 어디로 가는가"라는 노래를 부르기도 한다.

지나온 시간들을 되돌아보며, 이제는 새로운 도약을 준비해야 할 시간이다. 피어나는 꽃망울처럼 풋풋한 열망과 역사의 먼 지평을 향해 눈을 부릅뜬 내 안의 결단이 어느덧, 부끄럽게도 작은 지면 위에 글로 옮겨지게 되었다. 짧고 미천한 배움으로 설익은 사람으로 보일지라도 어렵지만 애써 엮어보았다.

나는 서울에서 2남의 첫째(장남)로 출생했으며 보수적 기독교 집안의 가정교육을 받고 성장했다. 어느덧 나이 오십을 훌쩍 넘긴 상태이지만 그래도 아직은 청년의 열정을 품고 산다.

당시 어머니는 교회의 권사, 아버지는 교회
의 장로로서 헌신 적으로 교회를 섬기는 분들
이셨다. 유년 시절을 회상해보면 늘 어른들께
인사 잘하고 경우에 어긋나는 행동을 한 적이
별로 없었던 것 같다.

대신 교회를 성실하게 참석하지 않으면 밥과
용돈을 주지 않고 꾸중을 들은 기억이 난다. 다
른 동지들과 비교해보면 비교적 나는 부모님의
인간적인 따뜻한 사랑을 받고 자랐다.

1979년경 고등학교를 졸업하고 신학대학을
거쳐 신학대학원을 졸업했다. 비교적 온건한

90년 8월 설악산에서

삶 속에서 지내다가 1980년 광주의 소식을 통해 개인적으로 충격
을 받고 많은 고민에 빠지게 되었다.

나는 노동운동을 한 사람이 아니다. 더구나 노동현장 학습을 경
험한 적도 없다. 굳이 말하자면 별 탈 없이 온건한 가정 속에서 남
들처럼 평범하게 경쟁하면서 초, 중, 고 시절을 마쳤다.

그런 어느 날 신학교에 입학하면서 억압되고 모순투성이인 세상
을 접하게 되었다.

유신체제 이후에 계속되는 독재 권력을 바라보면서 정의가 무엇
인지, 인간답고 바르게 사는 것이 어떤 것인지, 나눔과 배려와 평
등이 무엇인지 고민하게 되었다.

개인적으로 혼란스러웠고 방황을 많이 했지만 그 방황 끝에 학

내에 사회 참여를 독려하고 실천하는 신학 서클에 동참하게 되었
다. 이때부터 모순된 사회구조에 관심을 갖게 되었고 그저 나 하나
잘 먹고 잘살면 된다는 생각에서 탈출하기 시작했다.

고난이 시작되었다. 보수적 신앙의 부모로부터 유산처럼 물려받
은 기존 교회의 틀을 깨기 시작한다. 어머니가 늘 하시던 말씀이
너는 신학교를 졸업하고 목사 안수를 받으면 반드시 대형교회 목
회자로 성공해야 한다고 세뇌하듯이 말씀하셨다. 이것이 평생 아
들에 대한 어머니의 간절한 기도 제목이었다.

세상에 어느 자식이 부모의 이러한 절실한 바람을 외면할 수 있
겠는가. 그런데 나는 깊은 고민 끝에 단호하게 거부했다.

그 첫 시작이, 공교롭게도 나의 고향 교회가 표적이 되었다. 2년
간 전도사로 시무하면서 전체적인 교회 구조를 들여다보다가 놀라
운 사실을 발견하게 되었다.

담임 목사가 재정의 모든 부분들을 자기 마음대로 떡 주무르듯이 집행하는 현장을 목격했고 여자 신도들과의 불건전한 관계도 알게 되었다. 이러한 사실을 통해서 결국 교회 청년들과 바른 목회를 요구하는 모임을 결성 교회와 싸움을 시작했다.

주일 예배시간 중간에 우리들의 올바른 요구라는 유인물이 배포되기 시작했고 한쪽 구석에 자리 잡은 나와 청년들이 "뜻 없이 무릎 꿇는 그 복종 아니요~ 정의는 우리 것이다"라는 노래를 부르는 순간 설교하던 목사는 평소 잘 먹어서 그런지 혈압환자였는데 단상 뒤로 훌러덩 쓰러져 넘어가버렸다. 이후에 나와 몇몇 청년들은 개처럼 교회 밖으로 끌려나와 쫓겨났고 그날로 교육전도사 생명은 끝이었다.

저녁에 집으로 돌아와 보니 교회 장로였던 아버지는 절망적인 표정으로 나를 쏘아봤다. 그 얼굴은 지금도 잊을 수가 없다.

준비된 몽둥이로 타작이 시작되었다. 얼마나 맞았는지 걸을 수 없을 정도였다. 너는 이제부터 내 자식이 아니니까 다시는 집구석에 들어오지 말라는 사형선고가 내려졌다.

얻어터지기 바로 전까지 20대 초반의 철없는 나이였지만 한 번도 부모님께 맞은 적이 없었다.

'아! 부모에게 맞는 것이 이런 아픔이구나…….' 머리털 나고 처음 뼈저리게 느꼈다.

집에서 쩔뚝거리면서 쫓겨나 가까운 신촌거리를 헤매다가 길가 찻길 옆 레코드 가게에서 지금은 고인이된 김현식의 〈내사랑 내곁에〉가 흘러나왔다. '비틀거릴 내가 안길 곳은 어디에~' 하필이면 그 노래가 나왔을까. 눈까지 내리는데 왜 그렇게 서럽고 쓸쓸했던 지. 그 노래가 당시 내 마음을 표현한 듯싶었다.

그런데 지금 생각해보면 왜 그렇게 부끄럽고 창피한지 보잘것없 는 글을 읽어보시면 다 아시리라 생각한다.

그렇게 며칠을 가출하여 방황을 했다. 하지만 고생이 뭔지 홀로 있는 것이 뭔지, 그저 온실에 화초처럼 자란 내가 뭘 할 수 있었겠 는가. 그 위기 때에 하느님을 찾아야 마땅히 더 버틸 용기를 주실 터인데 나는 어머니를 찾고 말았다.

북한산 등반 중

참 한심하고 허약한 놈, 이것이 그 당시 나의 모습이었다. 어머니의 무조 건적인 자식 사랑과 적절한 중재로 다 시 집으로 돌아올 수 있었다. 그리고 결심했다. 다시는 정의를 핑계로 잘난 척 않기로…….

그런데 조금 우습긴 하지만 2층 나 의 다락방에 들어선 순간 생각이 바뀌 었다. 그동안 애지중지 용돈을 아껴가 면서 사모아 두었던 소중한 책 500여 권이 몽땅 사라져버렸던 것이다. 순간 숨이 멎는 것 같았다. 아마도 나를 다 시 받아주는 조건으로 보수성 강한 아 버지가 동네 고물상 아저씨를 불러 리 어카에 나의 생명과도 같은 책을 다

헌납하신 것이다. 아! 순간 이것이 정의에 눈을 뜨게 하는 나의 첫 번째 탄압이로구나, 절망감이 밀려왔다.

다시 고민하기 시작했다.

다시 기도하기 시작했다.

그동안, 나의 첫 시작부터 애써 부단한 기도와 인내로 후원해주신 사랑하는 어머니, 아버지께 뜨거운 자식에 대한 사랑을 기억하면서 이제는 나의 나 된 참된 모습으로 사회정의를 위해 부족하지만 사회적 약자를 돕는 실천가가 되어야 하겠다고 결심한다.

내가 존경하는 노교수께서 하신 "삶이 반영되지 않은 신학수업이란 이미 생명력을 상실한 것이다. 그렇기에 언제나 신학 하는 사람의 고민은 삶에 있어야 하며, 삶에 뿌리를 내리고 있을 때 비로소 참된 신학을 낳을 수 있을 것이다"라는 말씀을 되새기며……. 이러한 노력과 고뇌로 나의 주어진 길을 갈 것이다, 결심을 한다.

오히려 주변 여러 운동가들은 나름대로 큰 사건들을 통해서 운동에 뛰어들었다고 하지만, 나는 반대로 작은 단란한 가정 속에서 개신교 보수신앙 아버지의 호된 반대와 탄압의 정황 속에 저항하는 법을 배웠다.

11년 전 작고하신 아버지께 감사드린다. 나는 아버지로부터 보수가 뭔지, 진보가 뭔지 배울 수 있었다. 아마도 하늘나라에서 나를 내려다보시면서 너 아직도 빨갱이짓 하느냐 빨리 때려치워버려라 하실는지도 모르겠다. 이 가을, 아버지가 그립다.

현재 나는 인천 신도시 상가 2층 작은 교회를 12년째 목회하는

89년 3월 평화의 집(능곡) 국본 MT 중

목사다. 중학교 3년 된 아들과 피아노학원을 경영하는 아내와 단란한 가정을 꾸리고 살아가고 있다.

남들은 목사가 목회 한 가지만 해야지 두 가지를 다 병행하긴 힘들다고 하는데 나는 처음부터 교회를 통해서 먹고 살겠다고 결심한 적은 없다. 목사도 사회 구성원의 하나로 다른 일(직업)을 통해 먹고 살아야 한다는 생각이다.

얼마 전 기존 교회의 건물이 불필요하다는 생각을 하고 교회 문을 닫았다. 지금은 학원의 작은 공간에서 공동체 모임을 갖고 있다. 더불어 지금은 인천 지역 내에 민주화운동열사 희생자들의 염원과 희생을 되새기고, 민중과 민족, 민주사회를 열망하며 사심 없

116

이 헌신했던, 진보-민주진영, 그리고 보다 더 많은 사람들이 운동의 첫 마음을 회복-견지-강화-확산할 것을 결의하는 '운동초심모임' 회원으로 활동하고 있다.

자기평가와 반성

많이 부끄럽고 부족한 사람이지만 정권 교체를 앞두고 해결해나가야 할 여러 난제들을 놓고 개인적으로 고민하고 있다.

고민의 내용은 이 땅에서 진정한 민주화가 이루어져야 하겠고 우리 민족의 자주화도 앞당겨졌으면 하는 것이다. 짓눌리고 소외되는 계층도 없어지고, 공정한 분배와 정당한 참여가 보장되는 세상을 희망해본다.

무엇이 진실인가를 말하기에 앞서 어떻게 말해야 좋을지를 먼저 고민해야 하는 시대에 이 글을 쓴다는 일이 얼마나 어려운 일인가를 거듭 느끼면서 더 성실하게, 더 치열하게 사람다운 세상을 가꾸어가는 일에 힘쓸 것이다.

끝으로 초심모임에 참여하게 된 동기는 어느덧 30년 넘게 만나고 있는 절친한 친구 이세구 동지의 권유로 회원으로 가입 지금까지 함께 활동하고 있다.

평소에 내가 좋아하는 시 한편을 소개로 마칠까 한다.

민주쟁취국민운동본부 회원들과 북한산에서

내 죽어 하느님 앞에 설 때

내 죽어 하느님 앞에 설 때

여기 세상에서 한 일이 무엇이냐

한 사람 한 사람 붙들고 물으시면 나는 맨 끝줄에 가 설 거야. 내 차례가 오면 나는 슬그머니 다시 끝줄로 돌아가 설 거야. 아무리 생각해도 나는 세상에서 한 일이 없어 끝줄로 가 서 있다가 어쩔 수 없이 마지막 내 차례가 오면 나는 울면서 말할 거야. 정말 한일이 아무것도 없습니다.

그래도 무엇인가 한 일을 생각해 보라시면 마지못해 울면서 대답할 거야. 하느님, 길가의 돌 하나 주워 신작로 끝에 옮겨 놓은 것밖에 한 일이 없습니다.

— 정종수, 〈길가의 돌〉 중에서

118

여기는 동보전기나라

정동근

출생과 어린 시절

"우리 집안은 뼈대 있는 집안이다!", "너희는 뼈대 있는 집안의
자손이다!!" 내가 철이 들기 전부터 경주정씨 월산공파의 종손인
아버지를 비롯한 '큰집'의 어른들로부터 귀에 못이 박히도록 들어
온 이야기다.

4살 때 2살짜리 여동생을 데리고 나가 길을 잃어 집안을 발칵 뒤
집어놓은 썩 기분 좋지 못한 첫 가출사고(?)에서 내 인생 최초의
기억은 시작된다.

나는 특히 외갓집을 좋아했으며 어릴 때부터 "신난다! 신난다!"
를 목청껏 외쳐대며 외가 식구들로부터 많은 귀여움을 받았다. (그
덕분인지 지금도 목소리가 큰 편이다.)

공립학교 영어교사인 아버지의 본의 아닌(교육감과 정권에 대한

비판으로) 잦은 전근 발령 덕분에 유치원을 마치고 김제의 동국민학교와 부안의 줄포국민학교를 거쳐 전주의 중앙국민학교를 졸업했다.

"이완용은 죽었지만 또 죽었다. 나라 팔아먹은 놈들. 안중근은 죽었지만 살았다. 암! 영원히 살아 있고 말고. 세상이 개판이다! 썩었다. 나라와 민족을 팔아먹은 친일 모리배들이 권력을 틀어쥐고 있으니. 야아— 개새끼들아……."

"이— 풍진세상을 만났으니— 너 에 희망이 무엇이냐— 부귀와 영화를……."

나는 아버지의 늘어가는 술주정, 고성방가와 어머니의 한숨 속에서 열 살 무렵부터 '아이스케키' 장사와 군밤 장사, 신문 배달 등을 하며 가난에 길들어져갔다. 게다가 아버지의 퇴직과 사업 실패로 밀가루 죽으로 연명하는 가운데 초등학교를 졸업하자마자 이리역 앞에 있는 산고기 전문 식당의 꼬마둥이, 식당보이로서 첫 직장생활을 시작했다.

아버지는 실직 상태에서 자포자기 상태가 되어 술에 취하면 식당일을 다니는 어머니와 나에게 욕설과 폭력을 행사하기 일쑤였다.

"이 사고뭉치야! 너, 누구 닮아서 이렇게 말썽을 부려. 이놈이지 어미 닮아서 그렇지."

나의 반항은 처음에는 매를 가져오라고 하면 일부러 굵은 몽둥이나 가시가 붙은 아카시아 가지를 꺾어가 종아리에 피가 터지도록 맞았다. 그러다가 가출을 하기 시작했다.

매를 맞거나 가출을 할 때마다 나는 아버지에 대한 복수를 생각했다.

내가 할 수 있는 복수는 죽음. 아들의 자살을 통해 아버지에게 상처를 줄 수 있다고 생각했던 것이다. 거기까지 생각이 미치자 자살할 방법을 궁리하기 시작했다.

간혹 철길 옆에 기차에 치여 죽은 시체가 가마니에 덮여 있는 것을 목격했었다. 나는 기차에 치여 죽는 방법, 한벽루에서 전주천으로 뛰어내려 죽는 방법, 독극물을 마시고 죽는 방법 등을 고민했다. 수십 번도 더 망설이던 나는 생각을 바꾸었다.

'아버지의 인생 마흔까지는 괜찮지 않았는가? 마흔이 넘으니까 엉망진창이 되었지! 아버지처럼 추하게 되지 않기 위해서는 마흔까지만 사는 거다! 굵고! 짧게, 40까지!! 결혼을 하게 되면 아버지처럼 되지 말자!! 절대 아내를, 아니 어떤 여자든 때리지 않겠다. 자녀를 낳게 되면 끝까지 책임지겠다. 그러지 못할 바에는 혼자 살겠다!'

나는 자살의 유혹을 뿌리치고(?) 마흔까지의 수명을 결정해놓고 어떻게 해야 마흔 살까지의 인생을 잘살 것인가를 상상하곤 했다.

나의 학교생활은 제법 공부를 잘해 기말고사에서 전교 1등을 하기도 했으나 육성회비조차 내지 못해 선생님으로부터 혼날 때가 많았다. 또한 나를 놀리는 아이들과 싸움을 가끔 했으며 소위 '중간치기'라고 명명하는, 학교에 가지 않고 방황하는 때가 종종 있었으며 때로는 중간 정도의 성적으로 떨어지기도 했다.

이렇게 가출과 공부와 죽음에 대한 유혹이 뒤범벅된 채 나의 초등학교시절은 지나갔다.

방황하는 청소년

굴곡이 심한 성적의 나는 세 차례의 중학시험에 낙방하고 영생중학교에서 3차 추가생 50명을 선발하는 시험에 4대 1의 경쟁률을 뚫고 간신히 합격할 수 있었다. 사립학교인 영생중학교에 입학한 나는 입학금을 제외한 일체의 학비를 한 번도 내지 못한 채 여름방학도 되기 전에 퇴학 처분을 받았다.

그 뒤 경험(?)이 있는 신문 배달과 케키 장사를 하다 전주의 팔복동에 위치한 못줄공장에 취직을 하게 됐다. 이 못줄공장에서 내가 하는 일은 못줄이 기계에서 만들어져 방차통에 감겨 나오는 것을 달라붙지 않도록 어깨에 메고 뛰어 신속히 풀어내는 일이었다. 일을 한 지 3개월쯤 지나자 양쪽 어깨가 파여 피가 나고 통증 때문에 그만둘 수밖에 없었다.

공장을 그만둔 나는 동네의 똘마니들과 어울리기 시작했다. 당시에는 눈에 독을 품고 다녀 일명 '살기'라는 별명을 얻었을 정도였다. 손등을 칼로 긁고 주머니에는 칼을 품고 다니며 퇴학당한 영생중학교의 뒷골목에서 중학생들의 주머니를 털고 두드려 패는 불량청소년이 되어갔다.

가족의 어려운 생계와 중학교 1학년을 중퇴한, 매를 때리기에는 너무 거칠어져버린 나의 변해가는 모습을 보며 아버지도 시름이 깊어지셨다. 겨울을 맞은 아버지는 고민 끝에 자존심을 접고 사립고등공민학교인 순창군의 동계중학교에 영어교사로 재취직을 하셨으며 봄이 되자 나는 동계중학교의 1학년으로 다시 입학을 하게 되었다.

그러나 아버지는 후배인 교감과의 불화로 몇 달이 지나지 않아 다시 사직을 하였다. 나 또한 1학기를 마치지 못한 채 학교를 그만두고 또다시 신문 배달을 하며 불량 청소년으로 되돌아갔다.

세상과 사람에 대한 원망과 좌절로 자포자기가 된 아버지는 망나니 술주정뱅이가 되었다. 그러시다 내가 구두닦이를 하며 지내던 어느 날 아버지의 코고는 소리가 요란하게 들렸으며 어머니가 아무리 깨워도 일어날 기척이 없는 것이었다.

우리는 택시에 아버지를 태워 병원에 가서 위세척을 하였으나 다음 날 한 많은 세상을 등지고 운명하셨다.

"애들아 미안하다. 여보 미안하오."

아버지의 주머니에서 발견된 짤막한 유서. 나는 울적할 때마다 산소에 찾아가 울부짖었다.

"아버지 당신처럼 살지 않겠습니다. 마흔까지 멋있게 살다가 가겠습니다."

아버지가 돌아가신 후 나는 전기-페인트 가게의 점원을 거쳐 작은 외할아버지가 시장으로 있는 전주시청의 시민과-민원실 사환으로 취직하게 되었다.

사환이 된 나는 깜짝 놀랐다. 전주시청에는 20여 명의 사환이 있었고 33개 동사무소에도 모두 사환이 있었는데 거의가 야간 중학교나 고등학교에 다니고 있었다.

나는 부러움과 자괴감 가운데 자신을 곰곰이 생각하게 되었다.

'내 나이 열여덟, 중학교 1학년 중퇴의 학력, 피난민동네, 더벅

머리, 똘마니들과의 어울림. 이렇게 살아선 안 된다. 마흔까지 멋지게 살다가 죽기 위해서라도 공부를 하자! 학교에 다니자!!'

이렇게 정리한 나는 줄포에 살 때 할아버지라고 부르며 자주 찾아뵈었고 어머니의 사촌 외삼촌 되시는 줄포고등학교 교장선생님을 찾아가 울며 애원했다.

"외할아버지! 교장선생님!! 제가 학교에 다닐 수 있게 고등학교 전학증 하나만 떼어주십시오. 이 은혜는 영원히 잊지 않겠습니다. 착하게 열심히 살겠습니다."

나를 물끄러미 바라보시던 할아버지께서는 빙그레 웃으시며 말씀하셨다.

"그래! 고생이 많다. 열심히 살거라!! 전학증은 우편으로 보내주마."

나는 중학교와 고등학교 1학년을 건너뛴 채 전주 영생야간고등
학교 2학년에 편입할 수 있었고, 세상을 얻은 것처럼, 날아갈 듯
기쁜 마음으로 '꿈을 먹는 야간학생'이 되었다.

몇 년간 품고 다니던 칼도 버렸고 '살기'라는 이름의 똘마니 생
활도 청산했으며 모범공무원 표창까지 받았다. 교회의 학생회에선
전도부장을 하며 내일에 대한 희망으로 일과 공부에만 몰두했다.

무작정 상경과 직업군인

영생고등학교를 졸업할 무렵이 되자 또 다른 고민이 나에게 다
가왔다.

'대학에 진학할 수 없는 가정형편과 실력, 말은 제주로 보내고
사람은 서울로 간다는데, 그래 서울에 가자. 100일 동안 상경하여
서울생활을 하며 훗날을 생각해보자.'

나는 당시 유행이던 무작정 상경을 하여 어릴 때 경험이 있는 식
당 생활을 용산에서 한 달쯤 한 후 전농동 로터리에 있는 맥주홀의
웨이터 생활을 통해 서울과 세상의 요지경을 목격하고 어차피 나
올 군대영장을 생각하며 전주로 내려왔다.

'월남파병, 국가에 충성, 사회현실의 암담함, 야간고등학교 졸업
장, 군복무 기간의 허송세월, 그래…… 4년 6개월 제도의 육군하
사관에 지원하여 월남에 가자!! 국가에 충성도 하고 돈도 벌자. 아
니면 빈총이라도 맞아 죽든가.'

나는 월남 파병을 목적으로 육군기술행정하사관으로 지원 입대
하였다.

6개월의 고된 훈련, 통신병과 하사관, 포병부대 분대장, 내무반
장, 지휘소대 선임하사관, 보병부대 통신대 선임하사와 취사반 선
임하사, 유격대 조교와 교관.

8년가량의 군 생활 중 병사들로부터 나에게 붙여진 별명은 '깽
깽이-음어대장-독사-호랑이-장군 같은 중사' 등이었는데 내가 가
장 좋아하는 별명은 단연 배포가 크다는 의미의 "장군 같은 중사"
였다.

원래 통신병과인 나는 통신하사관이었고 배치된 부대에서 의무
적으로 실시하는 음어경연대회에서 우수한 성적을 낸 것을 계기로
사단 대표로 선발되어 합숙훈련에 들어갔다.

선발된 합숙생은 장교와 하사관, 사병이 각각 2명씩이었는데 장
교들은 대학을 졸업한 학군장교들이었고 사병들도 일류대학의 수
학과 출신들이었다.

나는 엉터리 야간고등학교 출신으로서 대학 출신들에 대한 부러
움과 경쟁심을 강하게 갖고 있었으며 이들을 이기기 위해 악을 물
고 음어의 해역과 조립에 몰두했다.

원래 4년 6개월의 군 생활 중에 월남 파병을 목표로 했던 내 계
획은 월남전이 종전됨으로써 무산되었고 나는 당연히 의무기간을
복무하자 전역을 신청했다. 그러나 제대를 신청하자 대대대표-연
대대표-사단대표-군단대표로 전군대회의 음어경연대회에 매년 출
전함으로써 오히려 '우수하사관'이라는 명분으로 군에서는 전역

126

상신을 받아들이지 않았다.

　3년여간의 전역상신이 받아들여지지 않자 나는 국가와 군대에 대한 회의가 들기 시작했다. 그러자 나이가 같은 또래인 중대장을 비롯한 젊은 장교들과 다투는 일이 잦아졌고 사고뭉치 하사관으로 변해가기 시작했다.

　'월남 파병을 목적으로 한 하사관 지원, 취사반 선임하사와 음어 대장, 갈수록 나이 어린 장교들에게 경례를 붙여야 하는 하사관으로서 최대진급이 육군상사. 마흔까지 굵고 짧고 멋진 인생을 살겠다는 나의 인생을 하사관으로 보낼 수는 없지 않은가. 그래 제대를 하자. 정 안 되면 사고를 쳐서 송충이 하나 달고 이등병으로 불명예제대를 하더라도.'

보병대대의 취사반
선임하사 시절
야전훈련장에서
취사반원들과 함께

이렇게 정리한 나는 술을 잔뜩 마시고 군부대 내·외부에서 고성방가를 하며 민간인들과 싸우기도 하고 시내버스에서 난동을 부리는 등 깽판과 난동을 몇 차례 쳤다. 그 일들로 헌병대를 오락가락 한 뒤에야 8년의 군 생활을 마치고 육군중사 6호봉으로 명예제대를 할 수 있었다.

여기는 동보전기나라

제대 후 약간의 퇴직금을 밑천 삼아 8년에 이르는 군 생활의 경력이 보장되는 공무원시험을 준비했다. 하지만 어머니의 건강 상태와 가정 경제의 어려움으로 곧 노동현장에 뛰어들어야 했다.

노가다, 동두천의 삼환, 오산의 아주파이프, 수원의 동진산업, 인천의 대성목재를 거쳐 동보전기에 입사한 것이 1984년 10월 5일이다.

"우리 동보전기는 기숙사와 식사를 무료로 제공하고 있으며 법정관리 회사로서 월급이 약간 밀릴 수가 있다. 회장님이 민정당 마포-용산지구당의 수석부위원장으로서 막강하다"는 총무과장의 면담을 듣고 '월급이 약간 밀릴 수 있다'는 말이 찜찜하기는 했으나 숙식이 해결되는 조건이 마음에 들었다.

나의 어릴 때부터의 결심인 40세까지의 보다 나은 생활을 향해, 노동자 생활을 탈피하기 위해 공무원의 꿈을 꾸며 인간 철새가 되어 정신없이 떠돌던 나는 30대에 접어들어 마지막 노동현장이라 생각하며 동보전기에 취업해 기숙사 생활에 들어갔다.

동보전기에는 10대 중반의 소년소녀 노동자부터 60대 중반의 아줌마 노동자까지 다양한 노동자들이 함께 근무했다. 하지만 저임금과 만성 임금체불, 강제 잔업과 열악한 근로환경, 개밥만도 못한 식사, 군대식 기율과 줄빳다, 차가운 기숙사, 젊은 노동자들의 패거리 행태가 만연했다. 한때는 700여 명이 넘게 근무했다는 여느 회사와 똑같은 200여 명의 중소기업으로서 조광표형광등 제조업체였다.

나는 기숙사에선 자신의 꿈인 공무원 시험준비를 하며, 자진해서 30분 정도의 조기출근과 배치된 계선반의 청소와 20여 명의 작업준비를 도맡아 하며 부지런히 한 달여를 지냈다. 그러는 와중에 텃새 패거리들과 회사 측, 그리고 노동운동에 투신한 대학 출신들이 각각 나에게 다가왔다

20대 초중반의 패거리들은 "여기는 동보전기나라야! 나이 먹었다고 까불면 없어!"라고 겁을 주었고, 회사 측에서는 "정동근 씨 같은 모범근로자가 동보전기에 들어온 것을 보니 이제 회사가 잘 될 것 같다. 계선반장을 맡아 달라!"고 제안했다. 노동운동가들은 "우리 젊은이들을 중심으로 친목회를 결성하자!"며 접근해왔다.

나는 동보전기의 룰에 따르기로 했고, 반장대리를 맡았다. 또한 친목회장이 되었고, 핵심적인 친목회원들과 노동법 공부를 시작했으며 공무원의 꿈을 이루기 위해 시험공부를 해나갔다.

1984년 크리스마스!!

밀린 월급 중 일부 조각 돈이나마 기다리던 200여 명의 동보전

기 노동자들은 불도 때지 않은 기숙사의 냉방에서 울며, 떨며, 세상을 원망하며, 하늘을 저주하며 크리스마스이브를 지새웠다.

나는 '빨리 노동자 생활을 탈피하자. 바보 같은 공돌이, 공순이들, 나는 당신들과 다른 공무원 꿈을 꾸는 사람이다. 아! 그러나 너무 가슴 아프구나, 불쌍하구나. 회장이, 세상이 원망스럽구나.' 혼란한 생각 속에 어금니를 악물었다.

며칠 후 강당에서 진행된 정기적인 전 사원 조회에서 여느 때처럼 눈물, 콧물을 훔치며 구라를 까는 사업주를 향해 나는 크게 외쳤다.

"회장님! 우리에게 필요한 건 먼 훗날의 장학금, 회사의 발전이 아니라 지금 당장 버스표를 사고 쌀을 사야 할 밀린 월급입니다! 월급을 주세요!!"

회사 측의 경계와 패거리들의 응시, 친목회원들의 기대 속에 우리들은 노동법 공부에 박차를 가함과 함께 현장 근로 실태를 파악해나갔다.

'동보전기나라'는 법정관리이면서 불법으로 사주가 경영을 하고 있으며, 만성 체불에 8시간 근로제 등 무엇하나 최소한의 법조차 지켜지지 않는 불법천지였다. 이에 따른 폭력과 성 문란이 일상화된 '불량한 나라'임을 우리 친목회원들은 하나씩 파악하며 노동자로서의 주인의식과 단결력을 키워나갔다.

새해를 맞은 우리 친목회원들은 점점 밀려가는 월급을 생각하며 구정만큼은 지난번 크리스마스 때처럼 비참하게 지낼 수 없다고 마음을 다잡았고 설을 앞두고 '식당으로! 식당으로!'를 구호로 시

1986년 봄 동보전기 노동조합의 핵심 간부들과 함께 등산 겸 야유회를 갔다.

작하여 2월 총파업을 감행했다.

　전두환 정권의 혹독한 공안통치 속에 감행한 총파업을 통해 구정 유급휴가와 함께 밀린 월급의 일부를 받아냈다. 또한 관리자들의 방해를 물리치고 무엇보다도 큰 성과로서 '동보전기나라'를 개조할 주체 조직인 민주노조 '동보전기노동조합'을 결성했다.

　나는 학생 출신들이 권해주는 《전태일 평전》과 《어느 돌맹이의 외침》을 읽고 유동우 선배를 만난 뒤 심한 열병을 앓았다. 그리고 왼쪽 팔뚝에 마지막 칼질을 하며 '노동운동'이라고 면도칼로 새겨 넣었다.

　'나의 인생은 마흔까지인데, 이 길이 내가 갈구해온 멋진 인생길이란 말인가. 그렇다. 가장 정의롭고 당당한 길이다. 어떤 어려움이 있더라도 영원히 변치 말고 노동운동하는 노동자가 되자!!'

어쩔 수 없는 노동자이면서 노동자이기를 거부해오던 자신의 지나온 삶을 되돌아보며 살 떨리는 두려움을 떨치고, 인간 철새, 철새노동자 생활을 청산하고 진정한 노동자로 거듭나는 순간이었다.

어렵게 노동조합 설립신고필증을 교부받은 우리 핵심 간부들은 다시 밀려가는 월급을 청산받기로 결정하고 15일간의 5월 총파업을 감행했다.

나는 총파업 12일째 되는 날 칼을 가슴에 품고 마포구의 아현동에 살고 있는 사업주인 성도원 회장 집을 찾아갔다. "전보요!"라고 외쳐 문을 열게 하고 식모를 제치고 들어가 응접실의 탁자에 칼을 꽂고 큰 소리로 외쳤다.

"밀린 월급을 당장 내놓든가 아니면 주식 전부를 내놓으시오. 둘 중에 하나를 하지 않는다면 당신과 나는 이 자리에서 죽소. 당신은 사업주로서 책임이 있고 나는 노동자 대표로서의 책임이 있소. 당신은 60여 년을 살았고 나는 30여 년을 살았으니 같이 개를 묻으면 내가 30년을 손해 보는 것이오. 지금 당장 돈 내놔!!"

탁자 위에서 파르르 떠는 칼과 나의 살기어린 눈빛과 거역(?)할 수 없는 위압감에 회장은 주식 5만주를 내놓았다.

3일 후 우리 '동보전기나라'의 '동보전기노동조합은' 20여 년 만성적인 체불임금을 단절시키고 3개월간의 체불임금을 전액 지급받았다. 나는 종업원자금관리체제로 전환한 동보전기의 자금관리원이 되어 서울영업소에 상주하며 재정 운영에 대한 감시역할을 담당했다.

또한 내 몸에 새긴 '노동운동'과 회장 집에 내리꽂은 두 차례의

칼 사용 덕분에 나는 일명 '칼을 잘 쓰는 사나이'가 되었다.

그러나 빚쟁이들이 수시로 들이닥치는 자금관리에는 한계가 있었다. 게다가 8월이 되자 다시 회장이 불법적으로 개입하기 시작했으며 다시 월급이 밀리게 되었다. 우리는 8월에 잔업을 거부하며 생산속도를 늦추는 태업에 돌입하다가 10월에는 다시 총파업에 들어갔다.

'나는 새도 떨어뜨린다'는 말이 돌 정도의 막강한 권력을 지닌 채 불법적으로 회사에 개입하여 좌지우지하는, 회장의 눈치를 보는 노동청과 정보과 형사들 그리고 안기부와 보안사, 법정관리 담당 법원인 수원지방법원…….

'동보전기나라'를 개조해 최소한의 인간다운 삶을 갈망하던 우리 '동보전기노동조합'은 희망 없는 나라 '동보전기나라'를 영원히 지구상에서 추방해야 한다는 판단하에 1985년 12월 13일 나를 포함한 14명의 노동자가 '체불임금 청산! 민주노조 탄압 중단! 실업대책 마련!' 등의 요구를 내걸고 부평4공단의 상무이사실을 점거하여 농성에 돌입했다. 그러다 경찰이 침탈해 오자 투신하였고 구속되고 해고되었으며 동보전기는 법정관리가 해제됨과 동시에 파산처리되었다.

이 글을 쓰면서 27년 전에 지금 대한민국의 축소판 같은, 자격이 없는 회장이 불법적으로 이끄는 '여기는 동보전기나라'에 살았듯이 2011년이 저무는 무렵에 자격이 없는 대통령 당선자가 이끄는 '동보전기나라'의 확대판, 온갖 비리와 불합리가 판치는 불량국가인 '여기는 대한민국'에 살고 있는 자신을 본다.

희대의 사기꾼인 대통령 당선자가 정부 수반이 되어 있는 나라, 온갖 부도덕한 인물들이 국회의원, 장·차관을 하는 나라, 비정규직이 양산되고 양극화가 심화되어 인간 철새를 양산하는 나라, 외세에 빌붙고 동족을 적대시하는 반민족적인 나라, 소수만 잘살고 다수는 가난과 고통에 허덕이는 나라, 소위 민중을 위해 제도정치권에 뛰어들었다는 진보정당이 분열되어 패권다툼을 하는 나라…….

그러나 '여기는 동보전기나라야!'를 인정하며 사심 없는 단결과 주인의식으로 동보전기를 개조했듯이 '대통령이라고 부르기도 싫은 희대의 사기꾼 당선자가 이끄는 대한민국'의 주인으로서의 인식과 단결력을 올곧게 세워나가며 '국민-민중-민족을 위해 복무하는 대통령이 이끄는 대한민국, 민중이 주인 되는 대한민국, 평화적으로 통일되는 대한민국'을 향해 '동보전기나라의 확대판 대한민국'을 개조하리라 다짐해본다.

첫 구속-바웬사

점거농성투쟁을 준비하면서 사전에 입을 맞춘 대로 나와 영범이가 모든 책임을 지고 구속되었다. 나머지 동료들은 7일에서 30일까지의 구류에 처해졌으며, 심하게 다친 사람들은 병원에 입원했다.

지금도 안타까운 것은 평생 중증 장애인이 되어 고생하고 있는 철광이와 연락이 끊어진 어린 소녀 노동자 생각이 날 때이다.

소위 A급으로 분류된 나는 양심수로서 인천구치소의 '운전사 항소방'에 수감되었고 박영진 열사의 분신소식에 첫날부터 단식투쟁에 돌입했다.

항의의 표시로 이발과 면도를 거부하여 머리와 수염을 기른 나는 수감자들로부터 폴란드의 노동운동 지도자의 이름인 '바웬사'란 별명을 얻었다. 어느 날인가 복도에서 울부짖는 비명소리와 함께 교도관들이 한 소년수를 집단폭행하는 장면을 본 나는 큰소리로 "때리지마! 개새끼들아!"라고 외쳤고 전사동의 수감자들이 함께 "때리지마!"라고 외치며 창살을 두드리는, 교도관들의 말로는 인천구치소 30년 사상 첫 집단난동인 '소내 대중투쟁'이 전개되었다.

수감자 대표로서 '수감자 폭행사과와 재발 금지, 식사 개선, 목욕과 운동 개선' 등의 약속을 받아내어 승리적 투쟁을 마감한 후 수감자 대표격이 된 나는 교도관들의 암묵적인 묵인(?)하에 많은 소년수들의 항소이유서를 작성해주었다.

한편 양승조 선배의 소개로 알게 되어 딱 두 번 만났으나 정부의 방침에 따라 불법적으로 가족 외에는 면회를 허락하지 않는 양심수의 특성상 갖은 고생 끝에 한 달여가 지나서야 허위 약혼증명서를 발급 받아 첫 면회를 오게 된 현재의 아내…….

첫 재판에 나가 "우리 공원, 근로자들은……" 하고 말했다가 한 활동가로부터 "형! 공원, 근로자가 뭐야! 노동자라고 분명히 표현해야지"라고 호되게 핀잔을 들은 기억이 새롭다.

한국노총을 점거 농성하여 5개월쯤 먼저 구속된, 같은 민주노조 활동을 하면서 알게 된 마이크로전자 노동자들을 검사취조를 나가다 만나 여자사동에 뛰어들어 교도관들을 황당하게 했던 사건, 5월에 구속되어 항소 중인 채 독방에 수감되어 있는 12명의 대우자동차 노동자들과의 만남.

나에게 첫 구속은 무엇보다도 충분한 휴식을 취하며 금서 반입 불가로 인해 한계는 있었으나 성경책과《바웬사》,《내 영혼 대륙에 묻어》 등을 비롯한 많은 진보적인 서적을 읽으며 부족한 대로 자신의 삶에 대해 정리해볼 수 있는 기간이었다. 왜 징역을 '대학'이라고 하는지 실감할 수 있었다.

징역 3년의 구형에 비해 징역 1년에 집행유예 2년이라는 짧은(?) 형을 선고받고 아쉬움(?)을 남긴 채 135일 만에 석방되어 나오니 이미 '동보전기나라'는 파산이 되어 파산 전담업체인 성업공사에 넘어가 있었다.

인천지역노동자연맹(인노련)

1986년 4월 24일 동보전기노동자들을 비롯한 지역 동지들의 대대적(?)인 석방 환영을 받은 나는 3일간 고향에 다녀온 후 감옥에 있는 동안에 결성된 인천 지역의 노동자 대중조직 인노련 회원이 되어 뒤이어 석방되어 나오는 동료 노동자들에 대한 오리엔테이션을 담당하였다. 그리고 곧이어 5.3인천투쟁에 참가한 후 인노련의

‘해고자투쟁위원회’(해투위)를 거쳐 해체할 무렵에는 ‘실무부’에서 활동했다.

인천과 부천 지역 노동자들에게 노동조합을 뛰어넘는 계급의식을 성장시킨 인노련 활동을 간략히 되돌아본다.

먼저 해투위의 대표를 뽑는 과정인데 야산에서 우유와 빵을 하나씩 먹으며 1박 2일간에 걸쳐 대표의 임무와 자격요건을 정리하고, 치열한 토론을 통해 후보 추천과 상호비판, 자기비판을 거쳐 총대표와 부대표를 선출하였다. 그야말로 자주적이고 민주적인 대표 선출 과정으로서 누구하나 선출된 대표를 신뢰하고 따르는 데 이의가 없었다. 자본주의의 선거제도와는 다른, 사회주의국가에서 서열 1위, 2위 등의 순서가 무엇을 의미하는지 확실히 각인하는 계기가 되었음은 물론이다.

또한 프락치 처단에 함께하였다. 인노련에서 자체 기획한 가두투쟁이 번번이 사전에 누설되어 제대로 투쟁도 하지 못한 채 경찰이 사전에 깔리고 주동이 연행, 구속되는 사태가 잇따라 발생했던 것이다. 이를 추적한 결과 해투위에 소속된 호성이란 노동자의 소행으로 밝혀져 그를 마취시켜 납치, 문초하여 경찰 측의 프락치임을 실토 받았다.

인노련 활동에 대해 서로 다른 평가가 존재하지만 소속되었던 많은 노동자들에게 우리가 가야 할 길이 노동조합 활동만이 아니라 정치, 경제, 문화, 언론 등 총체적인 사회문제이며 노동자들이 주동적으로 나서서 민중이 주인 되는 사회를 건설하는 데 앞장서야 한다는 계급적 관점을 확고히 심어준 데 가장 큰 장점이 있었다. 또한 민족-통일 문제에도 많은 고민과 시사점을 안겨주었다고 평가된다.

특히 해투위에서의 각 조별 젊은 남녀 노동자들의 24시간 공동생활의 경험은 몇몇 부작용이 뒤따랐으나 평등하고 능력에 따른 공동생산-공동분배 생활의 또 다른 모범적인 경험이었다.

기독노동자연맹

1986년에 인노련이 해체된 후 선창산업에 취업하여 합격자 교육을 받는 과정에서 블랙리스트에 의해 입사 취소가 되었다. 그리고 부평공단의 삼양식품에서 29일 만에 다시 해고된 나는 또 다른 직장을 물색 중이었다.

새해를 맞아 인기노(인천지역기독노동자연맹)와 인천도시산업선교회가 1987년 3월 10일에 제2동인교회에서 공동주최한 '인천지역노동자 임금인상 전진대회'에서의 동보전기 투쟁 사례발표가 인연이 되어 당시 총연맹(한국기독노동자총연맹) 의장이자 인기노 회장인 유동우 선배의 강력한 지지하에 인기노의 사무장으로 선출되었다.

또한 나의 사례발표가 유명세를 타게 되어 나는 여러 지역과 대학, 교회 등에서 초빙받아 일약 '강사'라는 이름으로 수십 차례의 강연을 다니게 되었다.

1990년 재건한 인천기독노동자연맹 여름수련회

　5월 1일에 인기노가 주최하고 나의 사회로 샘터교회에서 500여 노동자가 참석한 가운데 진행된 '5.1절 기념행사'를 열었다. 유동우 선배가 눈물을 글썽이며 전평 이후 처음으로 진행되는 5.1절 메이데이 행사라고 감격스러워 하던 모습이 지금도 생생하다.

　이후 인기노는 지역의 민중교회 및 활동가들과 함께 인천 지역 노동자들을 지원하는 외곽 단체로서 굳건히 자리 잡아 나갔다. 6월 민주화 대투쟁과 7~9월 노동자 대투쟁, 민주노조 건설 과정에서 중요한 역할을 담당했다.

　박총철 고문치사와 성고문 사건을 거치며 촉발된 대중적인 투쟁은 '호헌철폐와 민주헌법쟁취를 위한 인천지역본부'를 중심으로

인천 지역에서도 대중적인 가두투쟁을 전개했다. '인기노'의 사무
장이자 집행위원인 나의 사회로 6월 10일 부평역 광장에서 시작된
인천 지역의 6.10항쟁은 부평 지역과 동인천 지역을 중심으로 6.29
노태우 선언이 나올 때까지 매일같이 진행되었다. '인기노'는 지
역의 단체들과 함께 혼신의 노력을 경주했으며 지역 노동자들의
많은 신뢰를 획득했다.

이러한 신뢰를 바탕으로 '인기노'가 주최하여 1987년 8월 1일부
터 진행한 '인천지역노동자 여름수련회'엔 애초의 200여 명 규모
를 뛰어넘어 360여 명의 노동자가 참여했다. 하지만 금강 상류에
위치한 매포수양관에 도착한 1진의 첫 프로그램인 물놀이에서 4인
의 노동자가 운명하는 크나큰 사고가 발생했다.

수련회의 집행위원장인 나는 사고에 대한 책임감에 생과 사를
넘나들며 일주일간의 금강 상류 천막생활을 하며 자신에 대한 재
정립을 했다.

"앞서간 동지들이여! 그대들의 소망, 노동해방, 인간 평등의 사
회를 건설하기 위해 혼신의 힘을 다하겠습니다. 절대로 제도정치
권을 기웃거리지 않고 영원히 재야에서 활동하겠습니다. 한눈팔지
않고 운동적인 삶을 영원히 살겠습니다."

수련회 사건을 계기로 인기노 해체 후 나는 작은 염색업체인 은
진통상에 간신히 취업했다. 하지만 몇 달 지나지 않아 점심시간에
족구를 하다 죽은 동료의 산재처리 문제가 발단이 되어 노동자 대
표로 활동하게 되었다. 그래서 다시 근로감독관과 경찰이 왔다갔
다 하는 가운데 나의 노동운동 전력이 드러났다. 회사 측은 폐업-

파산을 하였고 나는 또다시 실업자가 된 채 여러 곳에 취업을 하려 했으나 블랙리스트에 의해 번번이 거부되었다

나는 할 수 없이 노가다를 시작하게 되었고 철골노동자로서 1989년에는 '인천일용공노동조합'의 창립식에서 노가다 투쟁사례 를 발표하기도 하며 창립 멤버로 활동했다.

수련회 이후 해체되었던 '인기노'는 1990년 초에 지역의 민중교 회 목회자들과 활동가들로부터 민중교회 노동자들로 구성한 새로 운 위상의 '인기노' 재건이 준비되었다. 내가 회장으로 추대되었 으며 유동우 선배의 거취 이전에 따라 신동욱 동지를 거쳐 3대 총 연맹 의장으로 활동하다가 민주노동조합이 활성화된 조건에서 총 연맹이 해체될 때까지 의장 역할을 수행했다.

1989년 5월 부평시장의 신협회관에서의 결혼식

또한 10여 년의 '기노련' 활동 과정에서 많은 진보-민주적인 목회자 분들과 기독교인들과의 인간관계가 쌓여갔으며 많은 사랑과 도움을 받았음에 새삼 감사할 따름이다.

조국통일범민족연합(범민련)

1990년에 남-북-해외의 3자 연합단체로 결성한 조국통일범민족연합 남측본부는 7.4공동선언과 자주, 평화, 민족대단결의 3대원칙을 중심으로 중도-진보적인 시민사회단체들과 정당들까지 망라한 거대한 범국민적인 통일운동체로 출범했다. 그러나 정부의 반북대결정책에 따라 정당들을 비롯한 많은 단체들이 탈퇴했으며 노태우정권은 범민련을 '이적단체'로 규정하여 탄압을 노골화했다.

1993년 봄을 맞아 민족자주와 평화, 통일운동에 열성적인 몇몇 동지들로부터 범민련 지역조직을 건설하자는 제안이 나에게 들어왔다. '총연맹' 의장 겸 '인기노'의 회장 역할을 수행하던 나는 통일운동의 중요성을 생각하며 흔쾌이 이를 수락했다.

인천 · 부천 · 김포의 초동 주체들로 구성된 조직위원회의 위원장을 거쳐 100여 명의 회원으로 늘어난 범민련 인천경기서부지역 준비위원회의 위원장 겸 범민련 남측본부의 공동부의장으로서의 역할을 1997년 안기부에서 나에게 붙인 소위 이적단체의 괴수(?)로서 안기부원들에게 신촌에서 노상 납치되어 구속될 때까지 수행했다.

'범민련'의 활동은 '인기노'의 사무장으로서 '민주헌법쟁취 인천본부'의 집행위원과 '인노련'에 이어 수배된 상태에서의 비합법적인 비밀활동이었다. 나는 소위 '개털'이 되어 동가숙 서가식과 노숙을 하며 라면으로 끼니를 때우거나 굶는 일이 많았다. 하지만 앞서간 동지들을 생각하며 나름대로의 주어진 역할에 최선을 다하는 과정에서 통일운동가로 성장해나갔다.

반민족적인 정부의 극심한 탄압에 조금도 굴하지 않고 범민련 주체들은 하루에도 여러 군데의 대학을 돌아다니며 범민족대회를 비롯한 통일행사를 꿋꿋이 준비해나갔다. 그런 노력 덕택에 한 해도 거를지 않고 대중적인 범민족대회를 성사시켜냈으며 남한의 민중들은 물론 북과 해외의 인민들에게도 자주·평화통일·민족대단결의 결연한 의지를 고취시키는 데 많은 기여를 했다. 이는 범민련의 자랑으로 삼을 만하다.

범민련 활동 과정에서 만나게 된 여러 선생님들 중 이미 고인이 되신 강희남 목사님은 맥아더동상 철거투쟁을 하며 우리 집에 모시기도 했다. 큰 바위와 같은 든든하고 믿음 직했던 분으로 나에게 많은 귀감이 되어주셨으며 특별히 '민중의 예수'라는 글을 써서 보내주시기도 하였다.

또한 수십 년씩 감옥생활을 하신 김영승 선생님을 비롯한 많은 장기수 선생님들과 평생을 감옥을 마다하지 않고 민중과 통일을 위해 헌신하시는 이천재-이귀재 선배님, 노수희 선배님, 진관 스님, 권중희 선생님, 김수남 의장님, 오종렬 의장님 등 이루 헤아릴 수 없는 많은 통일운동 선배, 동지들을 범민련 활동을 통해 교분과 배움을 쌓을 수 있었다.

범민련 활동을 통해 나는 민족적 자존감과 자주의식, 평화통일의 중요성에 대해 나름대로 높은 민족의식을 갖춰나갔으며 많은 선배운동가들로부터 운동적 삶에 대한 귀감을 얻었다.

한편 97년에 범민련사건으로 구속된 상태에서 '하나의 대회-범민족대회를 둘러싼 대중적인 행사를 둘러싼 범민련 내부의 이견'과 관련해 소명의 기회조차 박탈당한 채 제명이라는 중한 징계를 당하기도 했다. 그것은 지금 생각해보아도 씁쓸한 범민련의 기억이기도 하다. 물론 사후에 사면, 복권 처리되었음에도 범민련 활동에 대한 주체의지가 많이 상실되었음은 부인할 수 없는 사실이다.

인천민주화운동계승사업회(계승사업회)

민족민주열사·희생자 유가족 분들을 중심으로 한 수백 일간의 국회 앞 천막농성을 비롯한 처절한 투쟁의 결과물로서 '민주화운동관련자 명예회복 및 보상 등에 관한 법률'(민보법)이 2000년도에 제정되었다.

이에 유가족들과 민주화운동 관련자들을 중심으로 전국적으로는 '민주화운동정신계승국민연대'(계승연대)가 결성되었다. 인천에서는 2001년에 준비위원회를 거쳐 '인천민주화운동계승연대'(민주연대)를 결성하고 나는 초대 사무국장으로 임명되었다.

나는 초기에 인천 지역의 민주화운동 관련자들을 찾아내고 그들을 조직, 설득하여 '민보법'에 따른 '민주화운동 명예회복과 보상' 신청을 하도록 하는 업무에 집중했다.

동일방직, 마이크로전자, 대우자동차, 대림자동차, 경동산업, 동보전기, 5.3관련자, 5.30한미은행농성자 등 집단적인 설명과 개별적인 지원을 하며 인천과 서울의 법원과 검찰청, 구치소, 정부종합청사와 영등포구치소, 창원교도소, 과천정부청사, 의정부와 대전의 정부기록보존소 등을 찾아다니며 많은 사람들의 판결문과 수감증명서 등 관련서류를 준비해주었다. 내가 관여한 사건들과 아는 사람들에 대한 인우보증도 해주었다.

민주연대는 광주민주화운동 유공자들의 보상금이 아무런 흔적도 없이 사라진 사례를 분석하며 인천 지역만이라도 의미 있는 '민주기금'을 형성할 것을 결정하여 '민보법'에 따른 인천 지역 관련자들의 보상금과 생활지원금 중 10%를 '민주기금'으로 납부할 것을 결의했다. 현재까지 6000여만 원의 기금이 형성되어 최근에 실시하고 있는 '인천계승사업회' 장학기금의 종자돈 역할을 톡톡히 하고 있다. (이 글을 읽는 독자들 중 현재까지 보상금·생활지원금을 수령했으나 10%조차 납부하지 않고 있는 관련자들은 대오 각성하고 신속히 납부할 것을 촉구한다.)

민주연대는 또한 '민주공원과 민주회관 건립', '장학사업', '인천민족민주열사·희생자합동추모제', '5.3인천민주화투쟁 기념행사', '6.10민주화대투쟁 기념행사' 등을 수행해오고 있다. 나는 사무국장을 거쳐 조직위원장, 추모사업위원장, 집행위원장을 역임하고 현재 이사로서의 역할을 수행하고 있다.

현재의 '인천민주화운동계승사업회'는 중장기적인 전망하에 4~5년 전에 사단법인화를 하며 바꾼 이름이다. '인천계승사업회'의 가장 큰 성과는 '인천 열사 · 희생자합동추모제'로서 유가족을 비롯한 지역의 여러 동지들에게 열사 · 희생자들을 추모하고 그 정신을 계승하는 장을 안정적이고 정례적으로 개최한 것이다. 아울러 '5.3인천민주화운동' 기념사업도 꾸준히 벌여오고 있는 것도 큰 성과다. 또한 '민주공원과 민주회관 건립' 사업은 중장기적이고 꾸준한 노력으로 추진할 사업이다. 장학사업은 올해 시작한 사업으로서 지속적이고 발전적으로 수행될 것이라 믿는다.

민주노총 인천본부가 주최한 간부 등산대회

운동초심모임(초심모임)

2007년 대선에서의 진보-민주진영 패배와 진보정당인 민주노동당의 분열, 뒤이은 총선에서의 패배는 뜻있는 진보인사들에겐 깊은 성찰의 계기가 되기도 했다.

1987년 민주화 대투쟁 이후 노태우-김영삼-김대중-노무현으로 정권이 바뀌는 과정에서 극우독재정권과 군사독재체제에서 문민 중도보수를 거쳐 국민-참여라는 자유주의정권으로 진전해나가던 제도정치권의 민주화가 '잃어버린 10년'을 되찾겠다는 보수-우익진영의 대반격에 어이없이 역사의 수레바퀴가 거꾸로 돌아가기 시작했다.

나는 무엇보다도 성찰의 중심이 제도-비제도권을 불문하고 그간 민주화운동에 헌신해왔던 민주-진보진영의 나태와 안일, 변절과 분열주의, 이기주의와 패권주의를 극복하고 민족민주운동에 사심 없이 헌신했던 첫 마음을 회복하는 데서부터 시작해야 한다고 판단하고 '운동초심모임'을 제안했다.

이명박 정권의 임기가 시작된 2008년 3월을 첫 시작으로 '운동초심회복모임'으로 매월 1회씩 간담회 형식으로 시작했던 모임은 온-오프라인을 통해 모임의 취지에 함께하는 참가자가 늘어났다. 2009년 12월에 진행한 수련회에서는 참가자들의 제기에 따라 안정적이고 중장기적인 조직체계인 현재의 '운동초심모임'으로 발전적인 전환을 하여 '회칙'을 제정하고 임원과 운영위원 등의 조직체계를 갖추고 '운동초심 회복-견지-강화-확산'을 중심으로 활동해오고 있다.

'초심모임'의 주요 진행과 활동은 성원들의 운동성 회복과 강화를 위해 전체 모임에서 민중가요 부르기와 살아온 이야기-초심이야기, 정세 등에 대한 교양과 정보공유 등을 중심으로 진행하고 있다. 실천사업으로는 매월 공동실천으로 투쟁현장 동참과 후원을 기본으로 하며 주요 현안에 대한 실천-번개모임을 진행한다. 또한 같은 시기인 소고기 정국을 맞아 온라인을 중심으로 결성된 '행동하는시민모임'과 함께 매주 토요일 동암역의 북광장에서 '판넬선전전'을 전개하고 있다.

'초심모임'의 장기적인 향방은 2012년 총선과 대선을 마치고 정세와 주체 성원들의 의지에 따라 결정하기로 논의한 바가 있음을 밝힌다.

개인적 소회

1984년 동보전기에서 만난 활동가들, 영범 · 광동 · 상유 · 윤희 등을 통해 의식화되고 결단하여 노동운동에 입문한 지 28년이란 세월이 지나고 있다.

동보전기 식구들 중 10여 명은 지금도 3개월에 1회씩 모임을 하고 있으며 여전히 동보전기의 활동가 출신들은 상대적으로 열악한 경제생활을 하는 노동자 출신들에게 많은 도움을 주고 있음에 각별히 감사드린다. 유동우 선배를 통해 노동운동을 결의했고 양승조 선배를 통해 아내를 만나게 되었다.

활동 과정에서 일일이 열거할 수 없이 많은 선배, 동지들로부터 많은 도움을 받았다. 때로는 넘기 힘든 고민과 갈등, 좌절과 고통, 아픔도 있었으나 현재까지 진보진영의 일원으로 활동해올 수 있었던 것은 오로지 이들 선배, 동료들의 도움과 함께해온 덕이다.

지면 관계와 집필력의 한계에 의해 서툰 문체로 간략히 서술할 수밖에 없으며 많은 활동영역—민족문제연구소, 성진기업노동조합, 일용공노동조합, 민중교회 활동, 수십 군데의 투쟁사업장에 대한 지원과 가두 투쟁, 2차 구속생활 등—에 대해서는 다음 기회로 미룰 수밖에 없다.

총선과 대선이 있는 2012년이 며칠 남지 않은 시점이다. 민주–진보진영의 단일화와 깨어 있는 시민들의 적극적인 참여로 총선과 대선을 대승리로 장식했으면 한다. 이를 위해 '민주당'과 '혁신과 통합–시민통합당'이 합당하여 "민주통합당"으로 통합한 "중도자유주의 진영"을 한 축으로 하고, '민주노동당'과 '국민참여당', '진보신당에서의 통합파'를 통합하여 결성한 "통합진보당"과 '시민사회진영'이 한축이 된 "진보주의 진영"이 50대 50구조로 야권 단일화를 100% 이루어 2012년 총선과 대선에서 대대적인 승리를 장식하고 진보–중도자유주의 진영의 연립정부를 수립할 것을 촉구한다.

또한 아직도 많은 문제점이 있으나 자본주의의 정치적 민주화가 어느 정도 진전된 데 비해 경제적 민주화는 요원하며 사회의 양극화가 갈수록 심화되고 있으며 온갖 사회적 불안정이 증폭되고 있다. 우리나라의 1인당 국민소득이 2만 달러를 넘은 지 오래다.

따라서 나는 경제민주화의 핵심으로서 대한민국의 국민이라면 누구라도 최소한의 생활이 보장될 수 있도록 국민소득을 기준으로 2배수가 넘지 않는 선에서 실업자와 장애인 등 사회적 약자를 포함하여 가족 수에 따른 '최저임금제와 최고임금제'의 실시, 모든 사업자에게 적용하여 정부에서 보장해주며 탐욕을 근절하는 '최저이윤제와 최고이윤제'의 실시, 사회공동체성 회복과 불필요한 재산 축적과 부정부패를 방지하기 위해 '최저재산제와 최고재산제'의 도입과 제도화를 주장한다.

이를 기존의 사회주의나 공산주의, 무절제한 자본주의가 아닌 더불어 사는 공동체로서의 '인간중심주의'라고 부르고 싶다.

운동 과정에서 나타난 자신의 운동 성향을 잠깐 분석해보는 것으로 글을 마무리한다.

먼저 장점적인 측면은 결정하면 실행하는 추진력이다. 부족한 대로 사-언-행 일치를 위해 노력하고 있다. 또한 나름대로 맡은 역할에 최선을 다하려고 노력하고 있다.

가장 큰 단점은 자기중심적이고 고집이 세다는 것이다. 아마도 운동하기 이전부터 몸에 밴 것으로 활동 과정에서 많은 지적을 받아왔으나 제대로 극복하지 못하고 있다. 또한 술을 너무 많이 마시는 측면을 비롯해 많은 결점이 있다. 나름대로 타인의 의사를 존중하고 결점들을 극복하려 노력 중이다.

마지막으로 요즘 내가 즐겨 쓰는 말을 소개한다.

"혼자 꾸는 꿈은 꿈으로 끝나지만 많은 이들이 같이 꾸는 꿈은 현실
이 된다!!"
"자본이 아닌 인간이 중심된 사회를 함께 만들자!!"

탄광 막장노동자에서 노동운동가로

황재철

어린 시절 그리고 중학교 시절

나는 경상북도의 소백산 아래 작은 마을에서 농사를 지으시는 부모님의 아들로 태어났다.

아버지는 6형제 중 둘째로 학교 문턱에도 가보지 못하셔서 한글도 모르고(그래서 나중에 오징어잡이 하실 땐 계산을 어떻게 하셨을지 지금도 의문이다) 당신 이름 석자도 쓰실 줄을 모르셨다.

영주군 안정면 오계국민학교 5학년 무렵 아버지와 어머니께선 강원도 묵호로 이사 가시어 나와 내 여동생은 큰집에서 생활하게 되었다. 그 덕에 어릴 적에 천자문과 명심보감을 공부하기도 했다. 큰집은 종가댁으로 제사 등 큰일을 많이 치르기에 큰집 형님은 한글만 깨우치고 집에 한문 선생님을 모셔 붓으로 한문공부를 하셨는데 덕분에 나도 한문을 배울 수 있었던 것이다.

그러다가 5학년 2학기 땐 강원도 명주군 묵호읍(현제는 ‘동해시’) 동호국민학교로 전학을 했다.

그 시절 많은 사람들이 그러했듯이 우리도 돈이 없어서 굶는 것을 밥 먹듯이 했다(그래서일까 나는 160정도로 키가 작아 언제나 열등감을 가져야 했다. 지금도 역시). 중학교 3학년에 올라갔지만 2학년 교납금도 밀리는 상태에서 도시락을 쌀 수 없으니 점심 때면 그야말로 고문이었다(다른 아이들이 점심 먹고 난 뒤 교실로 들어가면 내 콧속으로 들어오는 다양한 반찬냄새…… 난 아침도 굶다시피 하였으니까).

학교에선 부모님을 모셔오라고 했다. 1학년 시절부터 늘 들어온 이야기였다.

1학년을 시작할 무렵 영어노트가 없어, 영어단어장이 없어서 손바닥부터 몇 대 맞고 시작했으니 영어시간을 가장 싫어했다.

그래도 공부는 남 못지않게 하였지만, 사춘기 탓이었겠지만 학교에 다니기가 싫어졌다. 3학년이 되고 몇 달이 지날 무렵 난 학교를 그만두고 고향 영주로 내려가 영주 시내 과자 대리점 점원으로 취직을 했다.

점원 생활을 몇 달간 하다가 월급이 적어서 강원도 삼척시에 있는 동양시멘트공장 증축공사를 보조하는 노가다를 몇 달간 했다. 그러다 보니 다음해 초 학교에서는 휴학 처리가 되었으니 복학을 하라고 전해왔다.

복학을 했고, 공부는 제법 잘했던 편이었지만 이미 상급학교 진학은 꿈조차도 꿀 수가 없었다. (구체적이지는 않지만 당시에 내 생각은 이랬다. 세상이 너무나 불공평하다, 이 사회는 민주적이지가 못하다,

기회의 균등이 시작부터 주어지지 않고 경쟁을 해야만 하는 이사회가 너무나 불합리하다.)

기술을 배우자

중학교 기술시간에 '내연기관'에 관한 것을 배웠기에 자동차 정비기술을 배우고 싶었다.

당시에는 동해고속도로를 건설할 무렵이었기에 대한통운 덤프 트럭과 묵호항에 들어오는 물류운반을 하는 대한통운 차량이 많았다. 대한통운 정비공장에 경비 근무를 하시던 친구 아버님의 소개로 들어가게 되었다. 당시 월급은 10,820원. 정비공장에서 일을 할 때 내 또래 아이들이 8톤, 12톤 큰 차를 운전하는 모습이 너무나 부러웠다.

나도 운전을 배워볼까, 하고 생각하던 즈음 조과장(조수를 그렇게 불렀음)이 필요하다며 나와 같이 일할 생각이 없냐는 제안을 하는 운전기사가 있었다. 그렇게 하기로 결정하고 무더운 여름날 조과장에게 운전을 맡기고 교대로 쉬고 싶은 운전기사는 열심히 운전을 가르쳐주었다.

그럴 무렵 원주공업직업훈련소에서 기술 배울 사람을 모집한다는 소식을 듣게 된다. 아버지께선 서울로 가야 사람구실을 할 수 있다는 말씀을 자주 하셨고 이곳에 있다가는 당신 자식도 뱃놈이 될까 걱정이 많으셨다. 기술을 배우자, 그리고 서울로 올라가 회사 생활을 하자, 결심을 굳히게 되었다.

훈련소에는 전기과와 기계과 통신과가 있었는데 난 기계과를 선택했다. 하숙을 했지만 역시 돈이 없으니 자취생활을 하며 일 년이 되어갈 무렵 서울로 취업을 할 수 있었다.

당시엔 영등포구 등촌동에 전기 자동차단기를 생산하는 공장이었다. 일당은 600원. 그러다가 염창동에 있는 도어록을 생산하는 공장에 사람을 모집한다는 소식을 듣고 직장을 옮긴다. 일당은 800원. 200원이 올랐다. 무엇보다 시간외 근무가 많아서 잔업과 철야 그리고 휴일 특근을 하면 급여 조건이 좋았다. 당시에 그곳 주변에는 항아리 굽는 곳도 있었고 근처에 하숙을 하기도 하였다.

그렇게 직장을 옮길 때마다 일당은 높아갔지만 생활은 어려웠다. 그러다 서울보다는 부산이 살기가 괜찮다는 소리도 듣게 되었다. 그래 부산으로 가자 !

부산에서의 생활 － 노가다 목수일과 공장생활

부산에는 먼 친척이 있었고, 공장에 들어가기도 쉽다고 하는 소리를 들었다. 친척 아저씨 되는 분이 목수 일을 하청받아 하고 계셨다. 당시에 김해군청 신축공사(광림건설?)에서 하청을 받아서 일을 하였다.

처음에는 건설회사 노무일(회사 직영 일을 하는 인부출퇴근장부처리)을 하며 일당은 1,200원이었다. 먹고 잠자는 건 제공을 해주니

보충역 근무를 하던 젊은 시절에 옥상에서

까 얼마나 좋았던지…… 그렇지만 늘 공장생활이 생각나기도 했다.

노무일보다는 목수 조공 일을 하면 일당이 3,000원이니까 대우가 좋았다. 물론 위험하고 힘들었다. 그렇지만 언제나 공장생활이 생각났고 공장노동자 생활을 하기도 하였다. 부산에서 공장생활 일당은 600~800원 수준이었다.

다시 노가다 일을 하기로 하고 공장 짓는 공사장에서 목수일을 하다 추락을 하여 허리를 다치기도 했다(입으로 피를 토할 정도). 또한 콘크리트가 굳은 뒤 해체작업(바라시)을 하다가 사다리가 미끄러지면서 왼쪽 팔이 부러지기도 했다(지금도 뼈가 잘못 붙어서 오른쪽보다는 성치 못하다).

그러던 중 보충역 소집 영장이 나왔고 14개월간 격일야간근무 그리고 낮으로 가끔씩 노가다를 하면서 소집해제가 되었으며, 다

시 공장생활을 하려면 어디론가 떠나야 했다. 당시에 아버님께서
는 묵호에 있는 아들을 마땅치 않게 생각하셨으니까. (그건 어쩌면
당연한 일이다. 당신께서 배운 것이 없어서 뱃사람이 되었지만 당신 자식
만큼은 뱃놈이 되는 것을 너무나 싫어한 것이다.)

막장인생 — 탄광 광부가 되다

태백시 '통리'라는 곳에 '한보광업소'가 있었다. 묵호를 떠나 그
곳에 이력서와 서류를 내었고 일을 하기로 되었으나 석공훈련원에
서 한 달간(?) 기본교육을 받아야 한단다! 교육을 이수하고 일을
할 곳을 정해야 했다. 직접 탄을 채굴하는 채탄부와 사전작업과 운
반을 위한 굴진부 두 파트가 있었다. 굴진부를 선택하고 선산부(기
능공)와 함께 보조하는 후산부로 일하기로 결정했다.

착암기로 암벽에 150센티 천공을 하고 다이너마이트와 뇌관을
끼우고 발파 그리고 도시락을 먹는다. 화약연기와 돌가루가 어느
정도 옅어진 후에 부서진 암석을 화차에 싣고 철재 빔(동발)을 세
운다. 그리고 레일연장까지가 하루 과였다. 후산부인 내 역할은 착
암기로 천공을 할 때 보조하는 것과 천공 후 다이너마이트와 뇌관
을 가져오는 일, 그리고 선산부가 하는 일을 보조하는 것이다.

하숙을 하면서 갑, 을, 병 3교대 근무를 하다 보니 생활 리듬이
맞지 않아 늘 피곤한 나날들이었다. 물론 낮에는 산에 올라가 더덕
을 캐어 더덕구이와 술 한 잔. 돌가루와 연탄가루를 많이 마시니까

부산에서 막일을 하던 시절 봄나들이

목구멍 청소를 한답시고 돼지고기에 술을 마시는 일은 자주 있었다. 그리고 땅속에서 번 돈은 햇빛을 보면 사라진다는 말이 있었다.

가끔씩 집으로 가면 아버지께선 다시 서울이나 부산으로 가라는 말씀을 하셨다(당신 자식이 막장생활을 하는 것이 얼마나 보기 싫으셨을까).

그러던 중 막장에서 돌이 떨어졌고 안전모를 썼지만 충격으로 엎어지며 다쳤다. 그 후로는 막장에서의 일이 두려워지고 난장(굴밖) 일을 하기도 했지만 또다시 생각나는 것이 공장생활이었다.

안양시, 만도기계 노동자로 취업, 그리고 용접 노가다 생활을 하느냐, 또다시 공장노동자 생활을 하느냐, 보충역 소집 해제 후 다시 부산으로 가느냐 아니면 서울로 가느냐 고민을 많이 했다. 마침

158

안양에 외가 친척이 세 집이나 있어서 무작정 안양으로 향했다.

장마 시기라 매일 비가 내리고 잠시 비가 그칠 무렵 가까이에 있는 만도기계로 달려가 보니 모집공고가 붙어 있었다. 이력서와 서류를 내고 면접을 본 결과 입사가 결정이 되었다. 차량부의 쇼바 조립과에서 일하게 되었고 하는 일은 전기저항 용접일이었다.

돌이켜 생각해보면 그곳에 오랫동안 다녀야 했는데, 반장과의 작은 말다툼으로 그만두고 말았으니 지금도 후회가 된다.

만도기계를 그만두고 하게 된 일은 용접 노가다였다.

수원에 가서 일하고 얼마 후 경남 진영에서 그리고 경기도 광주에서 또 서울, 인천 등 공사가 있는 어느 지방이든지 가야만 했다.

아무리 일을 하며 돈을 모으려 했지만 벌어놓은 건 없었다. 누군가가가 탄광에 가면 돈을 벌 수 있다고 했다. 그래 탄광으로 가자~!

무작정 인천으로

1986년 늦은 봄, 인천으로 갈 것을 결심한다.

몇 년 전 안양에서 용접 노가다 일을 할 때 '영창악기'가 있고 '대우자동차'가 있다는 것을 알고 있었기에 고속버스에 몸을 싫었다.

그때 신문을 통해서 알게 된 게 '인천사태' 기사였다. 아무것도 모르고 그냥 읽었지만 그 후에 생각해보니, 그 기사를 계기로 내 운명이 다르게 바뀌게 되었을 수도 있다는 것을 지금에야 새삼스레 해본다.

부평역 근처에 여인숙 방을 얻어 하룻밤을 보내며 어떻게 일자리를 얻을 수가 있을까 생각을 했다. '영창악기' 근처로 가보자고 생각했고 주민등록등본과 이력서를 손에 들고 '영창악기'로 가보았지만 모집공고는 붙어 있질 않았다. '대우자동차'는 모집공고가 없을 뿐 아니라 아는 이도 없었으니 생각조차 할 수가 없었다.

그렇게 하루가 지나고 다음날 부평4공단으로 무작정 찾아갔다. 신문에서 읽었던, 인천사태 관련 어느 해고자가 다녔던 회사 이름을 보았고 그 회사에서 모집을 한단다. 회사를 찾아가서 면접을 보았다.

그때쯤엔 따뜻하다기보다는 조금씩 땀이 날 계절이었다. 나는 더위를 유난히도 많이 타는 체질이어서 열을 다루는 현장을 보고는 입사가 망설여졌다. 조금 더 알아보기로 생각을 하며, 이 회사에 들어가면 신문에서 본 그런 사람을 만날 수도 있지 않을까 하는 생각도 들었다. 하지만 뜨거운 현장이 싫기에 미련을 두지 않았다.

그렇게 또 하루가 지나고, 조금 가지고 온 돈도 슬슬 바닥을 보이기 시작했다. 다음 날 다시 부평4공단을 돌아다니며 모집공고 붙어 있는 곳을 찾아보았다.

'한독금속'에서 공원 모집. 기숙사 유.

갈산동이 어디인지 사람들에게 물어서 찾아간 한독금속은 입구에서부터 붉은 쇳덩이를 만지는 모습을 보면서 걱정이 되었다. 그렇지만 주머니엔 돈이 떨어져갔기에 더 여유를 둘 수가 없었다. 이력서를 제출하고 면접을 보았다.

‘직장예비군’도 있고 ‘방위산업체’란다. 무엇보다 내 현실과 맞아 떨어지는 건 ‘기숙사’가 있다는 것이었다. 기숙사에 들어갈 수가 있다니 생각할 것도 없었기에 입사하기로 결정하고 다시 묵호로 내려갔다.

한독금속 기숙사 생활과 현장에서의 하는 일

‘플라이어’반에 들어가 공구 이빨 가공하는 ‘밀링’기계일과 ‘플라이어’공구 조립 일을 하기도 했다. 처음 회사에 면접 보려고 들어올 때 붉은 쇳덩이는 ‘단조반’의 일하던 모습이었다.

기숙사 생활은 대부분이 몇 살씩 나이가 어린 사람들이었고 ‘사감’이라는 사람은 병역특례자 고참이었다.

현장 분위기는 군대식이었다. 그것은 병역특례 고참과 신입의 관계였다.

우리 부서엔 나이가 가장 많은 50살 전후의 아저씨가 계셨다. 반장과의 관계는 병역특례자끼리의 관계와 비슷한 것이 언제나 마음을 상하게 했지만 ‘반장’은 ‘기숙사 사감’이었다. 함부러 대들 수 없는 관계인 것이다.

그렇게 몇 달이 지나니 나보다 늦게 들어온 사람이 또 한 명 생겼다.

그즈음 반장과 나 사이에 다툼이 생겼다. 그것은 나이 많으신 아저씨한테 막말을 해대는 반장의 태도 때문이었다. 그래도 ‘동방예

의지국'에서 아버지뻘은 되는 아저씨한테 하는 반장의 말버릇이
내 심사를 뒤틀리게 만들었던 것이다.

반장은 덩치가 컸다. 왜소한 내가 잘못 끼어들어 반장에게 당할
즈음, 입사한 지 얼마 안 되는 녀석이 내편이 되어주었다. 나머지
어린 사람들은 반장보다 훨씬 후배이기에 모두가 외면해버렸지만,
얼마나 고마웠던지…….

퇴근 후 내가 술 한잔 사기로 하고 근처 포장마차로 갔다.

술 마시며 그가 한 이야기는, 이 회사에 들어온 건 대모하기 위
해서란다. 머리가 띵했지만 그는 내게 더없이 고마운 사람이다.

"그렇다면 나도 같이 하겠다."

그러한 이야기를 하면서 그에게 고마운 마음을 표했고 그는 나
보다 몇 살이 적으니까 내게 '형님'이라 불렀다.

당시에 난 바둑 프로기사가 되는 꿈을 안고 바둑공부를 하며 쉬
는 날 부평역 앞 '한국기원'에 가기도 했다. 일반적으로 상대가 될
수 있는 사람이나 고수는 그곳에 가야만 만날 수 있었으니까.

한독금속 활동가들을 만나다

"하늘엔 조각구름 떠 있고~ 원하는 것은 무엇이든 할 수 있고
뜻하는 것은 무엇이든 될 수가 있는~ 아 대한민국~."

여가수의 희망 찬 노래가 한창 유행하고 있었지만 '한독금속'에
서는 몇 달째 임금이 체불되었다. 그 무렵 기숙사 사감이 하는 말,

한독금속 파업투쟁 중 동료들과 함께

"회사에 불온삐라가 보이면 즉시 갖고오라"고 한다. 알고 보니 몇 달 전 '위장취업자'가 있었고 지금도 그런 사람이 있을 수 있다는 것이다.

고마운 그 사람과 술자리도 갖고 많은 이야기를 나누며 내가 바둑을 좋아하니 그가 한수 배우겠다고 해서 바둑을 함께 두었다. 9점을 접고도 재미는 없었지만 그래도 그에게는 언제나 고마운 마음이 먼저였으니까 그가 원한다면 언제나 도전에 응했다.

어느 날 그가 '계양산'에 같이 가자고 했다. 난 도시락을 싸갈 수가 없다고 했더니 걱정할 것 없다며 아가씨들이 알아서 다 해준단다. 당시 내 나이가 29세였다. 여자를 사귀어도 한참을 사귈 나이였기에, 참여하기로 결정했다.

계양산 모임에서의 토론 주제는 '86아시안게임 어떻게 볼 것인가?' 였다. 참석한 사람들이 얼마나 말을 잘하는지 스스로 기가 꺾였다. 하지만 "불을 찾아 헤매는 불나비처럼~ 밤이면 밤마다 자유 그리워~" 하던 '불나비' 노래가 너무나 좋았고 세상 이야기에 속이 후련해졌다. 난 취해가고 있었다.

"징 소리 울렸다 북 소리 울렸다~"는 '민족해방가' 노랫말은 무섭기도 했고 가슴을 후련하게 만들기도 했다. 분위기에 취하다보니 나도 내 생각을 더듬는 말로 주장했고 박수까지 받았다. 물론 말주변이 없었기에 얼마나 떨리던지……. 그렇지만 똑똑한 여성들을 보면서 '저런 여성과 사귈 수만 있다면……' 하는 생각을 수줍게 하기도 했다.

각자 자기소개를 할 때 대부분이 '모 회사 해고자' 라고 밝혔다. 그렇다면 나도 해고가 되면 저런 똑똑한 여성들과 사귈 수도 있지 않을까? 하는 생각에 해고되기로 결심하는 계기가 되었다. 그런데 그중에 한 사람이 눈에 들어왔다. '한독금속' 에 다니고 있는, 그리고 또 한 사람. 그렇게 '한독금속' 활동가들을 만나게 되었다.

'유인물' 을 만들며 또 다른 활동가를 만나다

유인물 작성을 하는 모임에 들어가니 문장과 글씨체가 내가 쓴 것이 좋다는 의견이 나왔다. 복사를 하려면 '동인천' 까지 가야만 했다. 아무데서나 복사를 하다가 신고로 잡혀가는 사례가 많았으니 동인천에 있는 모 교회가 안전했기에 그리 했던 것이다. 밤늦게 복사를 하여 새벽에 몰래 탈의장에 넣어야 하는 묘한 스릴을 느끼기도 했다.

기존에 먼저 들어온 활동가가 하는 말이 이 회사에 또 다른 활동가 한 명이 들어왔단다. 나이는 58년 개띠. 나와 동갑내기였다. 모임은 한층 활기를 띠게 되었다. 그 후에 또 다른 활동가가 들어왔고 얼마 되지 않아 나이가 제일 어린 한 친구가 해고되기도 했다. 그는 나중에 노동조합이 생기고 복직이 되어 2대 노동조합 홍보부장이 된 사람이다.

회사에 무슨 일이 생길 때마다 유인물 작업은 계속되었고, 회사 측은 회사 내에 불순세력이 들어왔다는 흑색선전을 하는 보이지 않는 싸움이 이어졌다.

임금 재인상 투쟁을 조직하다

성고문 사건이 일어나고 대학가 학생들의 시위와 죽음들이 이어졌다. 울분에 찬 시절이었다. 현장 활동가들은 연일 집회현장을 쫓아다니며 노동현장에 그것을 바로 알리는 작업을 했다. 그리고 노동 현실과 보다 좋은 노동현장에 관한 고민을 함께 나눴다.

그러던 어느 날 '한독금속'에서는 기만적인 임금인상이 있었다. 회사에 잘 보인 사람은 일당이 많이 오른 반면 밉게 보인 사람은 오르지도 않았다. 그때 내 일당은 200원이 오른 것 같지만 확실히 맞는지는 기억이 가물거린다.

임금 재인상 투쟁을 조직해야 한다는 의견이 우리 사이에서 나왔다. 곧 그것에 관한 유인물을 만들고 배포하는 작업으로 이어졌다. 병역특례자들이 많으니까 그들을 조직하자는 의견이 나왔고 그들과의 개별적으로도 만나고 몇 명씩 함께 만나기도 하며 임금 재인상의 당위성을 알리고 동의를 얻어냈다. 그리고 D-데이를 잡고 선전선동 방법을 배우고 투쟁 장소를 정하며 다른 동료들을 만나 술자리를 자주 가졌다.

D-데이였다. 그날 몇 사람이 선동하고 유인물을 배포했다.

"옥상으로 올라가자!"

투쟁에 함께하겠다는 사람은 많았지만 막상 옥상에서 확인을 하니 열 명뿐이었다. 그리고 기숙사에서 잠을 자고 있던 한 명을 더하여 열한 명. 적은 인원이었지만 뜻을 다잡고 준비했던 투쟁가(노가바)를 함께 부르며 구호를 외쳤다.

"임금 재인상 1000원, 상여금 400% 쟁취하자!"

우리의 투쟁에 회사 측에선 당황해하는 기색을 보였지만 미동도 하지 않았고, 한 번도 본적이 없는 '근로감독관'이 오고 경찰이 찾아왔다. 마음 깊은 곳에선 두려움이 커졌지만 우리의 정당성과 분노는 그것을 이겨내기에는 충분했다.

이윽고 사측에서 교섭 요구가 있었고 몇 차례 교섭을 했다.

그 무렵 퇴근시간도 아직 많이 남았는데도 회사는 현장 사람들을 조기퇴근시켜버렸다. 그리고 또 교섭! 임금 재인상 700원, 상여금 200%(그때까지 한독금속에서는 상여금 제도가 없었다).

동료 노동자들과 함께한 야외 수련장

협상을 타결 짓고 회사 밖으로 나오니 골목골목마다 회사 동료들이 나왔다. 회사에서 조기퇴근시키고 버스 타는 곳까지 따라왔기에 버스를 타고 몇 정거장 가다가 내려서 돌아왔단다. 그들은 미안해하며 손을 잡았다(사실 얼마나 미안하였을까 짐작이 갔다).

동료들은 함께 갈산동에서 제법 큰 '광주식당'으로 갔다. 밥과 고기를 시키고 술도 한잔 하면서 "해마다 이렇게 투쟁해서는 안 된다. 노동조합을 만든다면 조합을 통해 우리의 단결된 힘을 바탕으로, 싸우지 않고도 임금 인상은 물론 우리 노동 조건을 변화시켜갈 수 있다" 등의 이야기를 나눴다. 노동조합의 필요성과 당위성에 공감대를 형성한 것이다.

병역특례자들은 노동조합을 만들면 그룹사운드를 만들고 싶으니까 그렇게 하는 데 도움을 줄 수 있느냐고도 물었다. 흔쾌히 그

러마고 약속했다. 그렇게 하여 그들과 '노동조합법'을 공부하기
시작했다.

노동조합을 만들고 노동조합 위원장이 되다

노동조합에 관한 법과 결성에 필요한 것들 그리고 임원 내정과
결성 장소 등 많은 논의를 함께했다.

당시에 '노동조합법'에는 임원 자격으로 그 회사에 1년 이상 근
무자로 규정했고 핵심적인 몇 명 중에는 두 명뿐이었다.

나는 배움이 부족하고 말을 더듬기 때문에 임원 자리를 거절하
고 제일 먼저 공장에서 활동한 그가 위원장으로는 적격일 것 같다
는 의견을 냈다. 하지만 그 또한 거부했다. 자신은 학생운동 출신
이라 자칫 조직이 위태로워질 수 있다는 것이었다. 그는 나를 추천
했고 다른 활동가들은 아직 1년이 안 되었기에 어쩔 수 없이 부족
한 내가 위원장 후보가 되었다. 거부할 명분도 없고 또 조직을 지
켜가려면 내가 적격이라는 판단이 들기도 했다.

부위원장 후보는 개띠모임에서 함께했던, 회사에 입사한 지 몇
년이 된 활동가를 내정했다. 회계감사에는 몇 살이나 더 많이 드신
형님을 위촉했다. 이로써 임원 내정을 마무리했고 다음으로 결성
장소를 정해야 했다. 근처 가까운 식당에서 결성식을 갖자는 의견
이 있었지만 노조위원장 후보인 내 의견은 한독금속 노동조합 결
성인데 다른 장소보다는 사내 식당이 가장 잘 어울린다는 것이었

다. 결성 장소는 사내 식당 그리고 임원 내정자들의 다짐을 공유했다.

노동조합 결성일. 사측은 긴장했고 우리 역시 긴장했다. 모든 것을 공개적으로 했기에 사측의 방해도 노골적이었다. 그러나 임금 재인상 투쟁의 승리에서 얻은 힘과 자신감 덕분에 사측을 압도했다. 덩치 좋은 회사 간부와 현장의 반장들이 어깨에 힘을 주고 입구에서 버티었지만 식당에는 72명이 모였다.

그렇게 하여 배움도 모자라고 언어도 어쭙잖은 내가 노동조합의 초대위원장이라는 막중한 책임을 맡게 되었다.

현장으로 돌아가다

사람은 누구나 살아가며 수많은 갈등과 어려움을 겪는다. 그때마다 어떤 결과를 바라며 자신의 행동을 결정하기 마련이다. 당시에 스스로의 생각과 뜻을 같이한 이들의 관점 그리고 객관적인 조건이 그런 결과를 초래한다고 믿는다.

당시에 인천 지역 상황은 인노협 가입 사업장이 폐업이라는 커다란 폭풍이 휘몰아칠 즈음이었다. 우리는 그것을 '위장폐업'이라 결론을 내리고 투쟁을 했다. 시장에서 기업이 도태되는 건 자본주의 질서에선 당연한 결과물이기도 하겠지만, 왜 노동조합 활동이 왕성한 사업장부터 그것이 시작되는가에서 문제를 제기할 수도 있다.

기업이 문을 닫는 것은 그 기업의 자주적인 의사다. 하지만 그렇다고 노동조합이 함께 와해되어야 한다는 것은 노동자들의 시각에 선 당연히 노동조합을 와해하기 위한 위장폐업으로 받아들일 수밖에 없는 것이다. 물론 시간이 지나 나중에 평가를 내린다면 기업별 노동조합의 한계를 인식하고 산업별 노동조합으로 갈 수 있는 계기가 된다는 좋은 본보기가 되기도 했다.

'한독금속'의 폐업도 명백한 '위장폐업'이었다.

당시에 '공구'라면 우리나라에선 '한독'이 선두였다. 물론 주관적인 관점이겠다. 그리고 먼저 사정을 싸야 했지만 그러지 못했다.

'한독금속'은 당시에 '법정관리' 회사로써 관리인이 사장을 대리하고 있었다. 그런데 이상한 건 관리인이 진짜 사장의 남동생이라는 것이다.

인노협 시절 동료 노동자들과의 즐거운 회식

나는 회사가 어쩌면 폐업을 할지도 모른다는 막연한 공포에 젖어 있었다. 지역 노동조합 대표가 있는 사업장 그리고 조직력이 막강한 노동조합, 또 지역의 많은 투쟁을 선도적으로 하며 많은 노동조합의 본이 되기도 한 노조! 한독의 위상은 막강했다.

하지만 자칫 잘못하면 많은 파업과 다양한 투쟁들, '단체협약' 체결을 위한 오랜 기간 사측과의 교섭과 그에 따른 다양한 투쟁들! 그 모든 노력이 수포로 돌아갈 수도 있는 상황이었다. 그러다 혹시나 하는 생각이 들었다. 한독 노조위원장이 인노협 의장으로 있는 사업장이니까 내가 의장직을 그만두고 현장으로 돌아가면 폐업이라는 것을 막을 수도 있을지도 모른다는 소박한 착각이었다.

회사 폐업에 따른 정상가동 요구 투쟁과 교통사고

그런 막연한 두려움과 순진한 기대를 하며 인노협 의장직과 한독노조 위원장직을 그만두고 현장으로 돌아갔다. 기억이 확실하지는 않지만 사측에서는 며칠간의 유급휴가를 주었다. 그동안 고생이 많았다며. 고양이 쥐 생각해주는 꼴이었다.

오랜만에 동해시에 계신 부모님과 동생들을 만나러 열차를 타고 집으로 갔다. 부모님은 내가 온다며 조금 전에 친구가 찾아왔었다고 했다. 이상했다. 고향에 들른 건 누구도 모르는데……. 잠시 후에 누군가 찾아왔다. 초면이다! 혹시 내가 중학교 3학년 때 휴학을 했으니 그때 알던 친구인가? 순간 많은 생각이 오갔다.

그의 소개를 듣고서야 사태 파악을 할 수 있었다.

"황 의장님이 오신다고 인천부평서에서 연락을 받고 만나보려고 왔습니다."

자신은 '동해경찰서 대공과 ○○○형사' 라고 했다. 그렇구나. 난 이미 그들의 정보망 속에서 살아가야 할 운명이었던 것이다.

현장으로 돌아가 오랜만에 밀링을 잡고 가공을 하며 생산직노동자임을 실감하게 되었다. 물론 '인노협 교육위원' 이라는 역할이 주어져 지역 내에서 무언가를 하게 되는 보람이 조금은 남았었다.

잔여 임기를 채우는 의장직무대행이 있었고 한독금속노동조합 부위원장님이 위원장 직무대행을 했다. 그분이 다음 노조위원장이 되어 많은 어려움을 떠안게 되었다.

얼마 뒤엔 회사가 폐업이라는 흉기를 들과 함께 죽자는 작전을 걸어오고야 만다. 수많은 투쟁을 겪어왔지만 어쩌면 이 싸움이 가장 어려운 싸움이 되리라는 예상을 했다. 폐업이라는 극단적 조치를 이미 겪은 지역의 다른 사업장 선례를 보아왔기에 한독금속 싸움의 문제와 지역 내에서의 많은 문제들 그리고 나누어야 할 이야기는 언제나 내게 주문을 걸어왔다.

이미 술을 너무나 좋아하게 된 나는 당연히 동지들과의 만남은 언제나 술과 함께였다. 그날(사고 당일)도 그렇게, 기억과는 다르다는 생각이지만, 동지들과 술잔을 기울이며 한독금속 폐업을 고민하던 때였다.

교통사고와 퇴원, 폐업 마무리

정신을 차리고 보니 부평안병원 중환자실이란다. 뇌수술을 두 번이나 했다고 (나중에 알게 되었지만) 마지막 떼어낸 머리 뚜껑을 해넣었으니까 3번이나 머리를 열었단다. 문제는 사라진 기억을 찾는 것이었다. 걸음은 완전치 않았으나 '물리치료' 받는 셈으로 무작정 걸으며 순간순간 스쳐가는 기억들을 더듬으며 많은 기억들을 주워 모았다.

문제는 폐업투쟁이 너무나 오래 진행되다 보니 그동안 노조위원장은 구속되기도 했고 각자의 생활은 엉망이었으리라. 이 사회 속에서 아무리 정당하다 해도 경제적인 문제에 있어서는 언제나 불리한 게 노동자의 처지임을 모두가 함께 공유하면서 긴 싸움을 마무리했다.

그 뒤 '한독금속' 출신이라면 사업장에 취직하기란 너무나도 어려웠으리라. 그래도 많은 이들은 삶의 길을 찾아갔고 나는 취업이 전혀 불가능함을 이후 10년 동안 겪어가며 알게 될 줄은 당시에는 전혀 몰랐다.

노동자는 하나다!
지역 내 다양한 투쟁을 함께하다

'한독금속 노동조합'은 87년 6월 민주화운동 후 전국적으로 두 번째 민조노조 깃발을 꽂는 것이 되었다. 울산 ‘현대엔진 노동조합’ 그리고 ‘한독금속 노동조합’ 두 곳이 전국의 신문 등 언론에 등장하면서 현장에 움터가고 있던 힘들이 분출되며 노동조합 결성 투쟁으로 이어졌다.

인천 지역 내에서도 노동조합 결성과 사측의 탄압으로 인해 많은 싸움이 생겨나고 그와 함께 노조민주화투쟁도 진행하게 된다. 그들을 지원하고 함께해야만 하는 건 어쩌면 당연한 결과였으리라!

주변에서는 동지들이 ‘임금인상’ 투쟁 등 다양한 투쟁으로 해고가 되기도 했고 그것은 해고자복직투쟁으로 이어졌다. 지역 내 기업들도 노동자 연대에 긴장하며 정보를 공유하고 함께 대응하는 모습도 보였다. 그것은 자본과 권력의 연합된 모습이었다. 노동자가 깨어나는 것을 두려워하는 그들이 자연스레 노동자와는 함께할 수 없는 대립적인 존재임을 인식시켜주기에는 부족함이 없었다. 그래 그럴수록 노동자는 단결해야 한다. 그 무렵 ‘대동단결’이라는 머리띠도 자주 보였다.

지역 내에 속속 노동조합들이 생겨나고 자연스레 모임을 갖게 되기도 했다. 노동조합 사무장들은 노조 임원은 아니지만 어쩌면 가장 선진적인 활동가 그룹이기도 했다. 그들을 중심으로 ‘노조탄압저지특별위원회’가 꾸려지고 지역 내에서는 ‘민주노조건설 공동실천위원회’가 꾸려져 현장을 지원하는 등 많은 도움을 주고 힘이 되어주었다.

노조위원장들도 모임을 가졌지만 ‘사무장’들 모임보다는 힘찬 모습은 보이지 못했다. 그럴수록 사무장들은 사업장의 노조위원장들을 추동했고 위원장 모임도 활기를 띠게 된다.

자주적이고 민주적인 전국조직을 건설하자

노동조합을 결성하고 기관으로부터 인준증을 받아야 하는 상급 단체에 관한 규정이 있다. 당시엔 당연히 '한국노동조합총연맹'(한국노총)이 상급조직이어야 했다.

노동조합이 만들어지고 자본 측에 의해 탄압을 받으며 조직을 지켜가기엔 너무나 힘들어 겪어보지 않으면 이해할 수 없을 것이다. 수많은 신규노동조합이 만들어지고 조직을 지켜가는 투쟁은 그야말로 피 터지는 싸움이었다. 그 과정에 투쟁하며 힘들게 지켜간다면 다행이지만 와해되어 해고라는 피를 쏟게 되는 경우도 비일비재했다. 그 투쟁은 사무장들을 중심으로 하는 '노탄특위'의 자랑스러운 임무였고 노조위원장과 노조 간부, 대의원과 열성적인 조합원들이 희생적인 투쟁을 겪어야만 했다.

그런데 상급 단체라고 하는 '한국노총'은 방관자로, 아니면 자본의 탄압에 협조하는 모습으로 비쳐질 정도였다. 많은 노동운동 활동가들은 어용노총을 민주화해야 한다고 입을 모았고 어떤 그룹은 '노총와해론'(?)까지 제기했다. 그런 혼탁한 분위기로 지역연대는 축소되어가는 듯했다.

그러다 '대전'에서 전국 위원장 모임을 추진했고 분열 조짐을 보이던 인천 지역에서는 '남일금속' 초대위원장과 내가 대표로 내려갔다. 대전에서는 밤이 늦도록 토론하고 또 발표하는 과정에 어느 단위사업장 위원장의 의견이 조직에 있어선 민주적인 의사 수렴과 운영도 중요하지만 그보다 그 조직이 자주적이냐의 여부를 먼저 보아야 한다는 의견을 발표했다. 나도 그 의견에 동의했고 다수의 참여자가 동의했다.

당시엔 '마창노련' 추진위(혹은 준비위)의 발표와 함께 그를 모델로 지역 조직부터 꾸리고 전국적인 조직을 건설하는 것이 순서라는 결과를 얻어냈다. 각자가 돌아가서 지역 조직을 꾸리는 데 매진할 것을 결의하며 회의를 마쳤다. 하지만 다양한 입장 차이로 분열된 위원장 모임이 사실상엔 와해된 듯이 보였다.

일단 전국 위원장 모임의 결의사항을 알리고 지역이 함께 풀어가야 할 과제였기에 인천 지역으로 돌아와 발표 모임을 가졌다. 동인천에 있던 '일꾼교회'에서 지역의 많은 활동가들과 단위노동조합 간부들, 열성적인 조합원들을 모아 지역 조직을 꾸려가기로 발표하며 함께해줄 것이라는 믿음을 얻었다.

새롭게 위원장 모임을 갖기엔 처음 시작할 때보다 오히려 어려운 점도 있었다. 그렇지만 초기에 노동조합 활동은 자본과 권력의 탄압에 의한 투쟁, 그 투쟁을 함께하기에 다시 활기를 찾아갔다. 당시에 내가 자취하던 방에 몇 명씩 모여서 밤늦도록 논의하는(지금 생각해도 몸이 하나뿐임을 한탄하던 그때가 가장 행복했던 것 같았다) 즐거운 고통을 나누는 과정을 겪으며 '인노협추진위'를 띄우고 준비하는 과정에 들어갔다.

마침내 1988년 4월 말, 투쟁하는 사업장인 '콜트악기' 운동장에 지역 노동자들과 열띤 관심을 보이던 지역 활동가들이 함께하는 준비위 발표를 하는 날이 되었다. 준비위 의장을 한독금속 노조위원장인 내가 담당키로 하고 '메이데이' 기념식을 가졌다.

기존에 하던 3.10 근로자의 날은 노동자의 날이 아니라 '세계노동절'을 숨기기 위한 한국노총의 전신인 '대한노총' 설립일이라는 사실을 알리고, 노동자가 투쟁하는 날 5.1메이데이 기념으로 파업 사업장인 '콜트악기'에서 투쟁 중인 '코스모스전자'까지 행진을 했다. 공단 벽 사이에 '페퍼포크'를 앞세운 경찰의 봉쇄로 목적을 달성하지는 못했지만 그날의 의미는 충분히 살린 셈이었다.

노동법 개정 투쟁과
지역 업종별 전국대표자 모임

연세대 노천극장에서 노동법 개정 전국노동자대회를 4만여 명이 참석하여 집회를 갖고 '노동해방' 혈서를 지역 대표자들의 피로 썼다. 나는 꽤나 흥분했던 까닭에 피가 너무 많이 나와 글자 한 자를 쓰고 피를 지혈해야 할 정도였다.

피로 쓴 '노동해방' 플래카드를 앞세우고 지역과 업종별 대표자들이 앞에서 들고 행진하는 장엄한 모습, 지금 생각해도 가슴이 일렁인다. 국회의사당 진입을 막으려는 전경들도 몇 만 명은 되었을 것이다.

다음 날 일간지에서는 축소 보도 되었지만, 그럴수록 두려워하

는 자본과 권력의 모습을 읽을 수 있었고 그러한 과정을 거치면서
지역별, 업종별 전국대표자모임은 지역을 돌아가며 갖게 되었다.
그렇지만 내 자신은 주변 일들과 함께 많은 갈등을 겪게 된다.

인천구치소 수감과 '인노협' 의장으로 피선

한도금속 노동조합에서 결성식을 마친 노동조합 위원장의 구속
에 항의하는 집회를 가졌다.

"김정이(?) 위원장을 석방하라!"

4공단의 많은 기업주들이 긴장하고 위기감을 갖게 된 듯했다. 나
는 그때 여러 사업장으로부터 고발당한 상태였고 내가 움직이는
곳마다 낯익은 형사들을 볼 수 있었다. 그리고 가끔 회사 주변에서
도 그들을 볼 수 있기도 했지만 구속 따위는 생각할 겨를이 없었
다. 배운 것이 부족한 내겐 그 일이 너무나 벅찼고 몸뚱이가 하나
뿐인 것을 한스러워 할 정도였으니. 오라는 곳 가야 할 곳은 많은
데 몸이 하나뿐이니 어떻게 하는가 말이다!

하지만 구속은 불시에 찾아왔다. '김정이(?) 위원장 구속 항의집
회'에 참석하자 경찰이 덮쳤고 나는 그들의 포로가 되었다. '황재
철 의장'을 석방하라는 투쟁이 있는 듯했다. 많은 조합원들이 잡혀
서 조사받는 것을 목격하며 어서 구치소로 이송해주길 바라는 마
음이었다. 나이 많은 분들과 아주머니들이 나이 어린 경찰에게 당
하는 꼴을 보니 울분이 차올랐다.

학익동 인천구치소로 수감이 되고 재판을 받게 되었다. 그곳에서 석 달이 지나고 인천구치소에서 석바위에 있는 법원으로 재판을 받기 위한 호송차를 타고 법원 근처로 오니 벌써 수많은 조합원들이 응원의 함성을 지른다. 구치소에 갇힌 상황에서 '인노협'의 장으로 피선된 것이다. 그 응원의 함성에 스스로가 부끄럽고 고맙고 황송한 무어라 표현을 할 수가 없을 정도였다.

그날 재판을 받고 호송차에서 구치소 직원들은 '권인숙' 양 성고문 사건 재판 때 많은 사람들이 왔지만 오늘은 더 많은 것 같다고 했다. 그리고 전에는 계란을 투척했지만 이번엔 응원하는 사람들이니 성격도 너무나 다르다고.

"선생들도 노동자이다. 왜 그것을 자각하지 못하는지 난 갑갑할 뿐이다." "그래서 선생들도 우리와 함께할 수 있다면 얼마나 좋을까?"는 말도 했다.

재판은 집행유예를 받았다. 석방이 되어 100여 일 만에 동지들과 함께할 수 있다니 가슴이 벅차올랐다. 5, 6공단에 투쟁하는 사업장을 방문했고 '송철순' 열사께 묵념을 하며 더욱 최선을 다해 싸울 것을 결의했다.

교통사고 후유증과 그 후

아버님이 세상을 떠나시고 어머님을 인천으로 모시고 왔지만 정상가동 요구 투쟁 중이라 정상근무 때보다 더 바쁘게 다닐 곳이 많았다.

그러던 중 1990년 2월 8일 자정이 넘어 2월 9일 새벽 교통사고를 당하게 되었다. 부평 세림병원(안병원) 중환자실에서 의식이 깨었지만 기억은 어디로 흩어진 건지…….

뇌출혈과 장파열로 중환자실 4개월, 일반 병실 몇 개월, 그리고 주안에 있는 세광병원(사랑병원)에서 부서진 코뼈 제거수술을 했다.

공단 곳곳과 부평과 주안 지역의 여기저기를 돌아다니며 기억들을 주워 모아 잃어버린 기억들을 정리했고, 그 기억은 새롭게 다가왔다.

교통사고로 인한 피해의식은 그 후 몇 년간 나를 괴롭혔고, 몸도 자유롭게 움직여지지 않았다. 하지만 어머니를 모시고 먹고 살아야 했기에 취직자리를 구해야 했다.

이력서에는 '한독금속'을 다녔다는 사실을 기록하지 않아도 모집하는 회사에선 내가 한독금속에 다녔다는 사실과 노조위원장을 했다는 사실을 알 뿐만이 아니라, 내가 기억하지 못하는 일들까지 알고 있었다. 어떤 부분은 내 자신보다 나를 더 잘 알았다. 이미 오래전에 블랙리스트에 올랐던 것이다.

가끔씩 '건설일용노동조합'을 통해 노가다 용접일도 하기도 했다. 그렇지만 교통사고 후유장애는 내 자신을 두렵게 만들었다.

또다시 이력서를 들고 생활정보신문을 뒤져 취직을 하면 며칠 못 가 쫓겨났다. 그러다 남동공단에 '탁상선반'으로 작은 부품을 생산하는 '부흥정밀'이라는 공장에 취업을 했다. 얼마 만인가, 일당은 견습공 일당이었지만 일을 한다는 사실이 너무나 즐거웠다.

자활후견기관의 일을 하던 중 옥상에서

하지만 그곳에서도 오래 버티지 못했다. 3개월이 지나고 4개월이 될 즈음에 사장이 나를 불렀다. 이력서에 '한독금속'에 다녔다는 사실을 왜 기록하지 않았느냐는 것이었다. 꼬리표는 끝없이 따라 다녔다. 그렇게 하여 또다시 실업자가 되었다.

겨우 '공공근로' 자리를 얻어 겨울에는 붕어빵과 어묵을 파는 포장마차를 하며 알게 모르게 지역 선배, 후배, 동지 들에게 돈을 얻어 썼다. 스스로 생각해도 부끄러웠고 그 부끄러운 마음을 잊으려 술을 자주 마시게 됐다. 그러다 급기야는 '알코올 중독'에까지 이르기도 했다.

그러다 작은 다세대 주택이 있었기에 그걸 담보로 은행에서 1천만 원을 대출받아 비디오 대여점도 몇 년간 해보았다. 하지만 주변의 커다란 대여점과 경쟁하기에는 역부족, 장사를 그만두고 막내 동생의 도움으로 은행 빚을 겨우 갚았다.

'붕어빵, 어묵, 포장마차'를 겨울철이면 했고 몇 달간은 공공근로를 할 수 있었지만 어머님을 모시고 생활하기에는 어려웠다. 그러던 중 어느 후배가 자활후견기관에서 일할 것을 제안했고 자활후견기관을 통해 학교 화장실과 복도 청소를 하게 되었다. 그 후, '도배, 자활농장, 간병, 골판지 박스제조' 등 다양한 곳을 옮겨 다니며 일을 해 마음적으로나 경제적으로 비교적 안정이 되었다.

현재는 남동자활센터에서 사회서비스 일을 하고 있다. 하는 일은 가정을 방문하여 환자를 돕고 청소, 환자 목욕 등의 일을 하며 부처님 마음을 배워가고 있다. 그래서 나는 행복해졌다. 다만 아직 결혼을 못 했다는 것이 걸리긴 한다.

남동자활센터에서 '사회서비스' 일을 하며 '운동초심모임' 회원으로 운동의 첫 마음을 잃지 않으려 내가 해야 할 역할을 찾으려 하고 있다.

어머님께선 뇌출혈로 '파킨슨병'과 골다공증이 심하여 척추가 여덟 개나 내려앉고 최근에 고관절수술로 거동이 불편하다. 다행히도 '노동자 돕기 음악회'를 부평 아트센터에서 갖고 큰 도움을 받았기에 수술비(도움이 없었다면 꿈에도 꾸지 못할 일이었다)를 마련했다. 지역 선배, 동지, 후배님 들께 새삼 감사 인사를 드린다.

내가 받았던 도움들을 잊지 않겠다. 그걸 되갚는 길은 나의 나머지 삶으로 그들과 함께하는 일일 것이다. 정치적 혼동과 변화, 발전하는 사회 속에서 내가 무엇을, 어떤 자세를 가져야 할 것인지

새삼 고민을 해가며 열심히 최선을 다하여 살아가리라 결심하게
된다.

다시 믿음을 주는 연대의 길에 서며

그동안 교통사고와 생활의 어려움, 결혼을 못 했다는 개인적 열
등감으로 운동으로부터 멀어지며 떠나려 했던 자신을 비판하며 부
족하지만 내 스스로가 해야 할 일들을 찾아 또 다른 역할을 해갈
것이다.

2010년 인천 남동지역 자활센터에서 '희망의 인문학' 수강생들과

‘운동초심모임’이 해야 할 중요한 역할 중에 하나는 다시 믿음을 주는 것이다. 우리는 떨어져 고립되어 있을 때 아무것도 아니며 아무 일도 할 수 없는 개인으로 전락해버린다. 하지만 열심히 살아가며 변혁 운동을 해온 동지들, 선배님들, 후배님들과 함께하므로 작은 힘, 작은 일이 큰 힘을 발휘하고 결국엔 큰일을 할 수 있다. 그 연대의 믿음을 심어주는 게 ‘운동초심모임’의 가장 큰 역할이리라.

2부

연대, 그 한길에 서다

- 운동초심모임이 걸어온 길

운동초심모임 사진 모음

운동초심모임 깃발

2008년 3월 운동초심 제1차 모임의 뒤풀이

2008년 7월 운동초심 제5차 모임을 마치고

2008년 7월 운동초심 제5차 모임의 뒤풀이

2008년 11월
운동초심모임을 마치고

2011년 8월 7일 부평미군기지 대책위 일일천막농성

2011년 8월 7일 부평미군기지 대책위 일일천막농성

190

2011년 8월 13일
부평미군기지 시민대회

2011년 8월 13일
부평미군기지 시민대회

2011년 8월 7일
부평미군기지 시민대회
뒤풀이

2011년 8월 동암역 UFG 연습 중단촉구 1인시위

동암역 북광장 판넬 선전전

동암역 북광장 판넬 선전전을 마치고

동암역 북광장 판넬 선전전

196

부평공원의 평화 콘서트에 참여하고

2011년 6월 운동초심 제45차 모임

2011년 6월 운동초심 제45차 모임을 마치고

198

10.4선언 기념행사

초심모임

인천 '혁신과 통합' 출범식 뒤풀이

12월 23일 운동초심 제11차 출판 준비 모임

"운동초심모임" 제안문

숭미와 사대, 반민중과 반민족행위에 미쳐 날뛰던 살인독재와 군사파쇼통치에 맞서, 민중의 주인 됨, 민족의 하나 됨이라는 분명한 목표를 갖고 대중과 함께 분연히 떨쳐나섰던 노동, 농민, 청년학생, 빈민 등 민중활동가들과 양심적인 종교인, 정치인, 지식인, 법조인, 문화예술인 등 각계각층의 진보적인 인사들과 지금도 민중이 주인 되는 참된 민주사회건설과 민족의 자주평화통일을 위해 고군분투하시는 민족, 민중, 민주, 시민, 사회단체 활동가와 회원 여러분! 그리고 지난날에 함께했던 모든 동지 여러분!

우리는 민중과 함께, 수많은 노동, 학생 등 민족민주열사와 희생자들의 주검을 딛고 이승만, 박정희, 전두환, 노태우로 이어지던 파쇼통치체제를 무너뜨리고, 김영삼 민간보수정부를 거쳐 김대중, 노무현 자유주의정부를 출현시켰으며, 민주노조의 정착과 진보적인 다종다양한 민중, 민족, 시민 사회단체와 민중의 이익을 대변하는 진보정당과 국회의원을 진출시키는 등 꾸준히 역사의 수레바퀴를 진전시켜왔습니다.

그러나 2008년을 맞은 오늘, 이 땅의 현실은 어떻습니까?

자본 중심의 능력 만능주의, 사회양극화의 고착과 심화, 실직자와 비정규직, 노숙자의 대량양산, 황금만능주의에 따른 인명경시풍조와 도덕불감증…… 그야말로 돈과 권력, 자신의 안락을 위해서는 어떤 범죄행위도 서슴지 않는 비인간적인 야만의 사회로 전락하고 있습니다.

더욱이 희대의 사기꾼, 투기꾼의 의혹을 안은 채 숭미, 반민족, 반민중, 친자본을 공언하며 이미 민중 탄압을 실행하고 있는 이명박 정부의 출범과 '딴나라당'을 비롯한 보수진영의 득세, 아직 오막살이인 채 제도정치권의 진보, 민중진영 대표체인 민주노동당의 분열, 민주노조운동과 시민사회운동의 침체와 퇴조, 그리고 안일과 나태함은 그간 수천, 수백의 열사, 희생자들과 민중들의 피와 땀으로 진군시켜온 역사의 수레바퀴를 거꾸로 돌리는 위기상황에 내몰리고 있습니다.

자본이 목적이고 주인이 아닌 인간이 주인 되는 참된 민주사회를 열망하시는 모든 동지, 민중 여러분!

운동의 초심!!— 돈, 명예, 권력에 대한 어떠한 사심 없이 민중이 주인 되는 민주사회, 사회, 정치, 경제, 문화적인 평등에 바탕한 참된 자유가 꽃피는 인간중심사회, 민족의 자주평화통일을 위해 뜨거운 동지애로 굳게 단결하여 헌신, 투쟁했던 민중민족운동의 첫마음!!— 회복, 견지, 강화, 확산이 절실히 요청되는 시절입니다.

이명박 정부와 딴나라당, 뉴라이트로 대표되는 저 숭미사대, 반민족, 반민중 보수우익집단들은 김대중, 노무현 자유주의정부를 좌파정권-잃어버린 10년이라고 하며 '신자유주의 신념으로 무장'하여 '보수, 우익 정권수립의 분명한 목표'를 갖고 '경제살리기'라는 슬로건으로 이를 갈며 대중 속으로 들어가 지방정부와 의회석권에 이어 보수, 반민중, 반민족 정권 수립과 국회 장악에 성공하였습니다.

아~! 진정으로 잃어버린 10년, 자유주의정부 10년 세월을 무의미하게 보낸 건 우리 진보진영입니다. 앞으로 5년! 야만의 시절 5년, 잃어버리는 게 아니라 우리 민중들에게는 그나마 찾았던 것조차 빼앗기게 될 5년이 끔찍하게 다가옵니다. 운동의 초심이 절실하게 그리워지는 오늘 여러 동지들과 희망의 대폿잔, 쐬주잔을 기울이며 민중가요를 쓰러지게 부르며 운동의 초심을 회복, 견지, 강화, 확산시키기 위해 함께 심정을 토로하며 희망을 만들어나갑시다.

그 엄혹했던 반공독재, 군사파쇼체제에서도 우리 진보, 민중들은 해고와 구속, 수배와 고문, 죽음까지도 불사하며 골방에서, 감옥에서, 각 사업장에서, 길거리에서 희망을 만들고 투쟁을 조직하였고 무에서 유를 창조하며 역사의 고비마다 승리를 안아왔습니다.

자~ 각 지역에서, 전국방방곡곡에서 운동의 초심! 진솔한 첫 마음으로 다시 일어섭시다!!

2008년 2월 이명박 정부의 출범을 앞두고…

운동초심모임 회칙

제정: 2009년 12월 21일

전문

운동초심모임은 조국의 자주, 민주, 통일과 민중의 생존권확보를 위해 헌신했던 운동의 첫 마음, 즉 운동초심을 회복, 견지, 강화, 확산하여 민중이 주인 되는 민주사회를 완성하는 데 일익을 담당할 것을 결의한 주체들의 모임이다. 운동초심모임의 회원들은 진보진영 내의 분열주의, 패권주의, 분파주의 등 반운동초심적인 모든 양태들을 반대하며 민중의 주인 됨을 위한 사심 없는 단결과 공동 실천을 통해 진보진영을 혁신하고 자본이 아닌 민중이 중심된 자주, 민주, 통일사회를 건설하는 데 앞장서겠다는 결의를 모아 이 회칙을 제정한다.

제1장 총칙

제1조 (명칭) 본 모임의 명칭은 '운동초심모임' (약칭: 초심모임)이라 칭한다.

제2조 (목적) 본 모임은 민족민주운동에 헌신했던 첫 마음을 회복, 견지, 강화, 확산시키며 진보진영의 단결과 공동실천을 도모하고 민중이 주인 되는 민주사회를 완성시키기 위해 노력함을 목적으로 한다.

제3조 (사업) 본 모임의 전문과 목적에 따라 다음과 같은 사업을 수행한다.

    1) 운동초심을 회복, 견지, 강화, 확산시키는 제반 사업

    2) 운동초심모임의 주체 확대와 혁신을 위한 사업

3) 전문과 목적에 부응하는 제반 실천과 연대 사업

4) 기타 전문과 목적에 부응하는 사업

제4조 (사무실) 본 모임의 발전과 사업의 활성화를 위해 사무실을 둘 수 있다.

제2장 기관과 운영

제1절 기관

제5조 (기관의 구분)

1) 총회

2) 월례모임

3) 운영위원회

4) 분회

5) 임원

제2절 총회

제6조 (총회의 구성과 소집) 총회는 본 모임의 회원 전체로 구성되며 정기총회는 매년 1월에 회장이 소집하고 임시총회는 회장이 필요하다고 인정할 시와 운영위원의 과반수 또는 회원 3분의 1 이상이 요청할 시에 소집한다. 총회는 안건과 일시를 7일 전에 공지하여야 하되 긴급임시총회는 2일 전에 공지할 수 있다.

제7조 (총회의 기능) 총회는 본 모임의 최고의결기구로서 다음과 같은 기능을 수행한다.

1) 본 모임의 회칙 제정과 변경에 관한 사항

2) 임원, 운영위원의 선출과 불신임에 관한 사항

3) 본 모임의 해산과 합병에 관한 사항

4) 사업계획과 예산, 결산에 관한 사항

5) 회원의 징계 재심에 관한 사항

6) 기타 중요한 사항

제3절 월례모임

제8조 (월례모임의 구성과 소집) 월례모임은 회원과 본 모임의 전문, 목적에 동의하며 참여를 원하는 모든 사람으로 구성하며 매월 소집한다.

제9조 (월례모임의 기능) 월례모임은 본 모임의 목적과 사업을 달성하기 위한 정례적인 월례모임으로서 다음과 같은 기능을 수행한다.

1) 민중가요 제창을 통한 운동성 회복

2) 초심이야기의 진행을 통한 운동초심의 회복과 강화

3) 전문과 목적, 사업에 부응하는 공동실천 결의

4) 본 모임의 분회, 회원들의 월례 총화

5) 전문과 목적에 부응한 교양

6) 기타 필요한 결의와 실천

제4절 운영위원회

제10조 (운영위원회의 구성과 소집) 운영위원회는 총회에서 선출된 임원과 운영위원, 분회장으로 구성하고 매월 1회 개최하는 것을 원칙으로 하며 회장이 소집한다.

제11조 (운영위원회의 기능) 운영위원회는 본 모임의 총회 폐회 기간 중 일

상적인 의결과 집행기구로서 다음과 같은 기능을 수행한다.

1) 총회의 수임사항

2) 월례모임과 분회의 위임 또는 건의사항

3) 총회, 월례모임의 준비와 평가에 관한 사항

4) 본 모임의 운영에 필요한 규정의 제정과 개정

5) 후원회원과 자문위원에 관한 사항

6) 회원의 포상과 징계에 관한 사항

7) 기타 필요한 사항

제5절 분회

제12조 (분회의 구성과 소집) 분회는 본 모임의 회원 5인 이상으로 구성하며 분회에서 선출된 분회장이 분회의 특성에 맞게 소집한다.

제13조 (분회의 기능) 분회는 본 모임의 기본단위로서 다음과 같은 기능을 수행한다.

1) 총회, 월례모임, 운영위원회의 결의사항 수행

2) 월례모임, 운영위원회에 제안과 건의

3) 각 분회의 특성에 따른 독자적인 교양과 실천

4) 기타 필요한 사항

제6절 임원

제14조 (임원의 구분) 본 모임은 다음과 같이 임원을 둔다

1) 회장 1인

2) 총무 1인

3) 재정위원 1인

4) 감사 1인

제15조 (임원의 임무와 권한)

1) 회장은 본 모임을 대표하며 총회, 월례모임, 운영위원회를 소집
하고 의장이 된다.

2) 총무는 회장을 보좌하며 유고시 회장임무를 대행한다.

3) 재정위원은 회장의 재가를 받아 이를 집행한다.

4) 감사위원은 본 모임의 사업과 재정 등 업무 전반에 관한 감사를
연 1회 이상 실시하여 정기총회에 보고한다.

5) 모든 임원은 당연직 운영위원이 되며 필요에 따라 임원모임을
개최한다.

제16조 (의결과 특별결의) 본 모임의 모든 기관은 과반수의 참석과 참석자
과반수의 찬성으로 의결한다. 단 본 모임의 해산은 과반수의 참석
과 참석자 3분의 2의 찬성으로 결정한다.

제3장 회원

제17조 (회원의 가입) 본 모임의 전문과 목적에 동의하고 본 모임의 회칙과
규정, 결의사항을 준수할 의지가 있는 사람 중 본 모임의 가입을 희
망하는 사람은 운영위원에서 심의하여 회원으로 확정한다.

제18조 (회원의 탈퇴) 본 모임의 탈퇴를 희망하거나 사망 또는 제명 처리된
회원과 회원활동을 도저히 할 수가 없다고 판단되는 회원은 운영위
원회에서 확인하여 탈퇴 처리한다. 단 운영위원회의 징계에 의해
제명 처리된 회원이 총회에 재심청구기간 중일 때에는 총회 시까지

회원자격을 부여하되 회원의 권리는 중지된다.

제19조 (회원의 권리) 본 모임의 회원은 다음과 같은 권리를 갖는다.

1) 본 모임의 모든 활동에 균등하게 참여할 권리

2) 본 모임의 각종 선거에 대한 선거권과 피선거권

3) 본 모임의 운영규정에 따른 상부상조 수혜권

4) 본 모임의 운영에 대한 동등한 발언권과 결의권

5) 회원 3분의 1 이상의 요청에 의한 임원 불신임 발의권

제20조 (회원의 의무) 본 모임의 회원은 다음과 같은 의무를 갖는다.

1) 본 모임의 회칙과 규정, 결의사항을 준수할 의무

2) 본 모임에서 결의된 소정의 회비를 납부할 의무

3) 본 모임에서 진행하는 각종 모임 공동실천에 참여할 의무

제21조 (후원회원과 자문위원) 본 모임의 발전을 위해 후원회원과 자문위원을 둘 수 있다.

제4장 포상과 징계

제22조 (포상) 본 모임은 운영위원회에서 심의하여 포상할 수 있다.

제23조 (징계) 본 모임은 운영위원회에서 심의하여 징계할 수 있다. 단 징계를 받은 회원은 7일 이내에 회장에게 재심을 청구할 수 있으며 재심은 총회에서 진행한다.

제5장 재정

제24조 (회비) 본 모임의 회원은 매월 1만 원의 정기적인 회비를 납부한다.

제25조 (특별회비) 총회의 결의를 통해 특별회비를 납부한다.

제26조 (재정사업) 본 모임은 필요 시 재정확보를 위한 사업을 할 수 있다.

제27조 (회계연도) 본 모임의 회계연도는 매년 1월 1일부터 12월 31일까지
로 한다.

제6장 부칙

제28조 (시행일시) 본 회칙은 총회에서 통과된 날부터 시행한다.

제29조 (통상관례) 본 회칙에 명시되지 않은 사항은 사회의 통상관례와 민
주주의 원칙에 따른다.

운동초심모임이 걸어온 길

2008년 운동초심모임 진행 경과

2월 말	운동초심회복모임 제안(보수정권의 출현과 진보진영의 분열에 따른 문제의식, 초심-운동의 순수한 첫 마음을 회복, 견지, 강화, 확산의 필요성)
3월 22일	운동초심회복 1차 모임(매월 개방된 정기모임, 1인씩 초심이야기, 민중가요 제창, 주요 현안 공유, 정세토론 등 모임 진행안 확정)
4월 19일	운동초심회복 2차 모임(초심이야기-황재철, 모임성원의 안정화 필요, 실무기획위원 선정 등)
5월 3일	1차 실무기획 모임(2차 모임 정리와 3차 모임 준비점검, 총무 선임, 모임의 성격과 위상 토론 등)
5월 17일	운동초심회복 3차 모임(초심이야기-최의왕, 지역의 투쟁현장 공유와 동참 권장 등)
5월 20일	2차 실무기획 모임(3차 모임 정리와 4차 모임 준비 점검, 참여대상자 확인, 토론주제 선정 등)
6월 21일	운동초심회복 4차 모임(초심이야기-박순이, 명칭을 '운동초심모임'으로 변경, 촛불집회 적극결합, 연말에 수련회 진행 등)
7월 2일	3차 실무기획 모임(4차 모임 정리와 5차 모임 준비 점검, 카페 개설 검토, 토론주제 선정 등)

7월 19일	운동초심 5차 모임(초심이야기-강태욱, 촛불당 공유와 촛불 정국 토론, 카페 개설 의견수렴 등)
8월 8일	4차 실무기획 모임(5차 모임 정리와 6차 모임 준비점검, 카페 기획안 검토, 총무가 6차 모임 사회, 토론주제 설정 등)
8월 16일	운동초심 6차 모임(초심이야기-이종우, 카페 기획안 검토와 의견수렴, 정세토론 등)
9월 3일	5차 실무기획모임(6차 모임 정리와 7차 모임 준비점검, 참여 대상자 검토, 카페 준비상황 점검 등)
9월 20일	운동초심 7차모임(초심이야기-김성호, 카페주소 결정, 실무 기획위원 보강, 추모제와 등산대회 참여 결의 등)
10월 9일	6차 실무기획 모임(7차 모임 정리와 8차 모임 준비점검, 모임 의 성격과 방향 토론, 카페개설 확인 등)
10월 16일	운동초심 8차 모임(25인-안티회원 15인 포함, 초심이야기-김 진양, 모임의 성격과 방향 토론, 카페개설 확인 등)
11월 6일	7차 실무기획 모임(8차 모임 정리와 9차 모임 준비점검, 카페 활성화, 수련회 기획안 마련, 모임의 성격과 방향토론 등)
11월 20일	운동초심 9차 모임(초심이야기-정동근, 수련회 일정과 기획 안 검토, 모임 성격과 방향 토론, 카페 가입과 방문 결의 등)
12월 27일	운동초심 10차 모임 겸 수련회, 송년회

212

2009년 운동초심모임 진행 경과

1월 8일	운동초심모임 제1차 운영위원회(10차 모임 겸 수련회 평가와 11차 모임 준비점검, 운영위원회의 운영방안과 역할분담 등)
1월 15일	운동초심 11차 모임(1월 공동실천 결의-한성운수 천막농성장 지지 방문, 토론-진보진영의 분열에 대한 분석과 통합모색, 건배구호를 "운동-초심"으로 결정 등)
1월 18일	한성운수천막농성장 지지방문(라면 전달 등)
2월 7일	제2차 운영위(11차 모임 평가와 12차 모임 준비점검, 운영위원 1인 회비면제, 김재용 동지 개소식 참여, 운영위 장소와 전체모임 일정변경 등)
2월 12일	운동초심 12차 모임(초심이야기-박완섭, 토론-한반도정세-남북관계의 오늘과 내일, 2월 실천 결의-대우차비정규직 천막농성장 지지방문 등)
2월 25일	대우차 비정규직 천막농성장 지지방문(성금 3만원 전달 등)
3월 2일	제3차 운영위(12차 모임 평가와 13차 모임 준비점검, 나영옥 회원 딸 결혼식 참여 등)
3월 14일	나영옥 회원 딸 결혼식 참여(축의금 5만원 전달 등)
3월 18일	운동초심 13차 모임(3월 공동실천 결의-동춘동 철거민 농성장 지지방문, 토론-4.29보궐선거에 대한 상황공유와 의견교환 등)
3월 22일	고 김미영 동지 2주기 추도식 참여(마석모란공원)
4월 2일	동춘동철거민 지지방문(3만원 성금전달 등)

4월 6일	제4차 운영위(13차 모임 평가와 14차 모임 준비점검, 전체모임 일정조정 등)
4월 15일	운동초심 14차 모임(4월 공동실천 결의-계양산 골프장저지 및 자연공원 조성을 위한 시민한마당 조직위원회와 4월 28일의 부평역 촛불문화제 참여, 토론-4.29보궐선거에 대한 상황공유와 의견교환 등)
4월 28일	경인운하, 계양산 골프장반대 부평역 촛불문화제 참여(3만원 전달 등)
5월 4일	제5차 운영위(14차 모임 평가와 15차 모임 준비점검, 여름수련회 기획안 검토 등)
5월 15일	운동초심 15차 모임(초심이야기-이세구 동지, 5월 공동실천 결의-계양산 1일 단식농성 참여, 6월 수련회 기획안 검토와 확정, 토론-4.29보궐선거 평가, 북핵 관련 정세토론 등)
5월 22일	계양산 1인 단식농성(1인 단식과 도우미 및 뒤풀이)
5월 29일	고 노무현 대통령 장례식 참여
6월 8일	제6차 운영위(15차 모임 평가와 16차 모임 겸 상반기수련회 준비점검 등)
6월 10일	6월 민주항쟁 22주년기념행사 참여(강희남 목사님 장례식)
6월 19일	인천 평통사 후원행사 참여(강정구 교수 대담 등)
6월 21일	계양산 골프장건설반대와 자연공원 조성을 위한 시민한마당 참여, 운동초심모임 16차 모임 겸 상반기 수련회(상반기 진행경과 공유와 평가, 임원과 운영위원 보강 선임 등)
7월 6일	제7차 운영위(16차 모임 겸 상반기 수련회 평가와 17차 모임

준비점검, 조직책임자와 조편성 등)

7월 17일 운동초심 17차 모임(초심이야기-원유택 동지, 하반기 운영위
원 확정, 7월 공동실천 결의-서울원불교회관과 미 대사관 앞
에서 진행하는 '평화협정체결촉구 한마당 참여, 차기초심이
야기-오대현 총무, 주요일정 공유 등)

7월 26일 평화협정체결 촉구 한마당에 참여(서울원불교회관과 미대사
관 앞)

8월 10일 제8차 운영위(17차 모임 평가와 18차 모임 준비점검, 회칙초
안 검토 등)

8월 21일 운동초심 18차 모임(초심이야기-오대현 총무, 8월 공동실천
결의-용산참사 현장 지지방문, 회칙 안 검토와 의견 수렴, 교
양-지방자치선거, 토요일에 카페 집중방문 결의 주요일정 공
유 등)

8월 23일 인천노동선후배 보양모임(참여)

8월 29일 용산참사 현장 지지방문(미사참여와 헌화 등을 하고 성금을
전달)

9월 7일 제 9차 운영위(18차 모임 평가와 19차 모임 준비점검, 회칙 안
검토, 마을사람들 후원주점 참여 결의 등)

9월 11일 마을사람들 후원주점 참여(보스호프)

9월 18일 운동초심 19차 모임(9월 공동시천 결의-인천지하철 비정규직
천막농성장을 지지방문 후 세구-명애 동지의 학원이전 개소
식 참여, 10월 공동실천 결의-2009 인천민족민주열사 · 희생
자 합동추모제 참여, 회칙 안 검토 등)

9월 24일	인천지하철 비정규직 천막농성장을 방문하여 지지, 격려하고 성금전달, 6인이 참여한 가운데 세구-명애 동지의 학원 이전을 축하 함
10월 9일	2009인천민족민주열사 · 희생자 합동추모제(참여와 후원)
10월 12일	제10차 운영위(19차 모임 평가와 20차 모임 준비점검, 회칙 안 검토 등)
10월 16일	운동초심 20차 모임(11월 공동실천 결의-의문사 유가족농성 또는 비정규직 대학 강사 천막농성을 지지방문, 회칙 안 검토와 의견수렴, 교양-발제자의 불참으로 참석자들의 자율적인 의견개진과 상황공유로 대체 진행 등)
11월 2일	제11차 운영위(20차 모임 평가와 21차 모임 준비점검, 회칙 안 최종검토, 수련회-총회 준비점검 등)
11월 8일	2009전국노동자대회 참여
11월 20일	운동초심 21차 모임(초심이야기-주명애 위원, 11월 공동실천 결의-비정규직 대학강사 농성장 지지방문으로 확정, 수련회 준비점검 등)
11월 28일	비정규직 대학강사 교원지위법 회복 천막농성장 지지방문(지지격려와 성금전달), 인천 평화협정 송년의 밤 참여(회원과 가족)
12월 3일	계양산 골프장저지 후원행사(참여)
12월 00일	제12차 운영위(수련회 준비총점검-자료, 조직, 식단, 놀이 등 역할 분담)
12월 19일 ~20일	운동초심 22차 모임 겸 수련회(총회)

(2009년 진행경과 공유와 평가, 총회-회칙제정, 임원과 운영위
원 선출, 정회원과 준회원 조직화 결의, 뒤풀이, 축구공차
기 등)

2010년 운동초심모임 진행 경과

1월 9일	용산참사 민중열사 장례식 참여
1월 11일	제13차 운영위(운동초심 22차 모임 겸 수련회·총회 평가와 23차 모임 준비, 총무 선출, 정회원·준회원 조직대상자 확인 등)
1월 15일	운동초심 23차 모임(교양 – '운동초심과 2010정세' 주제로 박석률 선배 초빙, 운동초심 22차 모임 겸 수련회 평가, 2월 초심이야기를 나영옥 동지로 확정, 정회원과 준회원 조직 결의, 분회 구성과 팀장 3인 선정 등)
1월 26일	제14차 운영위원회(운동초심 23차 모임 평가와 24차 모임 준비, 2월 공동실천을 헌혈로 확정, 그간의 운동초심모임 참여자들을 자영업–제조업–운수업으로 분류하여 팀장들이 담당키로 역할분담, 1월 27일의 인천계승사업회 총회와 1월 30일의 안티 이명박 판넬전과 행진, 인천평통사 총회 등에 참여 결의)
1월 27일	인천계승사업회 총회 결합
1월 30일	안티 이명박 판넬전과 행진 결합, 인천평통사 총회 참여
2월 7일	운동초심 24차 모임(운동초심 23차 모임 평가, 교양 – '2010지방선거에 대하여'라는 주제로 2010인천지방선거연대 정책위원장이 발제, 나영옥 동지의 '초심이야기' 진행, 2월 공동실천으로 헌혈 결의 등)
2월 23일	제15차 운영위원회(운동초심 24차 모임 평가와 25차 모임 준비–교양과 초심이야기 중 한 가지만 진행 필요, 총무가 회원가입원서를 집중적으로 받는 역할 담당, 27일에 가능한 회원

집단 헌혈, 3.8여성대회 참여, 3월은 민주노동당, 4월은 진보신

당을 초빙하여 인천 진보정당들의지방선거 대응방안을 공유

키로 결정 등)

3월 7일 운동초심 25차 모임(운동초심 24차 모임 평가, 교양– '6.2지방

선거 민주노동당의 대응방안' 주제로 김웅호 민주노동당 인

천지방선거위원장이 발제, 3월 공동실천으로 고 김미영 동지

추모행사에 결합 결의 등)

3월 21일 고 김미영 동지 추모행사에 참여하고 5만원 후원

3월 23일 제16차 운영위원회(윤경세 회원 산재, 김재용 변호사 회비 납

부의지 등 확인, 운동초심 25차 모임 평가와 26차 모임 준비, 4

월 교양은 진보신당, 공동실천은 계양산 살리기 3차 릴레이농

성 중 하루 담당, 4월9일의 '선배가 후배에게' 행사 결합 등)

4월 4일 운동초심 26차 모임(10인 참여, 운동초심 25차 모임 평가, 교

양– '진보신당의 2010지방선거 대응방안과 인천후보현황' 을

이상구 진보신당 인천시당위원장이 발제, 4월 공동실천으로

15일에 윤경세, 정성준동지가 담당하고 가능한 회원들은 지지

방문과 뒤풀이에 결합, 5월 공동실천은 광주 민중항쟁 성지 방

문을 결정, 5월 교양은 민주당과 국민참여당의 지방선거대응

방안공유 등)

4월 15일 계양산살리기 일일농성 진행(윤경세–정성준 농성과 정동근

지지방문, 6인의 회원과 노현기 동지가 뒤풀이)

4월 27일 제17차 운영위원회(운동초심 26차 모임 평가와 27차 모임 준

비, 5월 교양 확인, 총무의 연이은 불참으로 회원조직화와 가

입원서 접수가 정체상태임을 화인하고 총무의 참여와 역할수

행을 촉구, 5월 공동실천으로 5.1노동절, 5.3인천민중항쟁 기

념행사에 집중 참여와 5만원 후원, 5월 15일에 광주순례 등)

5월 1일   부평역의 세계노동절 인천행사에 참여

5월 2일   운동초심 27차 모임(교양- '2010지방선거 민주당의 대응방

안' 주제로 문병호 전의원이, '2010 국민참여당의 대응방안과

출마후보 소개' 주제로 밴댕이 동지가 발제, 5월 공동실천인

광주순례에 적극 참여와 5·18인천기념식 참여 결의, 고 노무

현 대통령 분향소와 추모문화제 공유와 참여, 6.2지방선거에

진보진영과 야권단일후보가 당선될 수 있도록 적극 활동 결

의 등)

5월 3일   인천민중항쟁 기념행사에 참여하고 5만원 후원

5월 15일   광주순례행사 참여-운동초심모임이 차량 1대를 담당

5월 25일   제18차 운영위원회(6인 참여, 운동초심 28차 모임 평가와 28

차 모임 준비, 6월 공동실천으로 6월 민주항쟁 기념행사에 적

극 참여하고 인천 행사 시에는 5만원 후원, 초심이야기를 정성

준 회원으로 확인, 6.2지방선거 적극 결합과 긴급좌담회 참여

등)

5월 25일   인천지방선거 승리를 위한 긴급좌담회 참여-운영위원들

중심

6월 2일   2010 지방선거-회원들이 인천지방선거연대의 활동과 야권단

일후보 진영에 직,간접적으로 결합하여 적극 활동

6월 6일   운동초심 28차 모임(운동초심 27차 모임 평가, 정성준 회원의

'초심이야기' 진행, 6월 공동실천 확인과 결의, 7월 교양을 안용국 회원이 발제하여 '6.2지방선거 당선자들의 임무와 우리의 과제' 라는 주제로 교양 결정, 6.2지방선거 평가 등)

6월 10일 6.10인천기념행사에 참여

6월 15일 6.15공동선언 10주년 기념행사에 참여

6월 22일 제19차 운영위원회(운동초심 28차 모임 평가와 29차 모임 겸 수련회 준비, 신임총무 내정, 7월 공동실천으로 비정규여성노동자 후원주점과 계양산 후원행사를 선정, 통장개설과 7월 이후 회원-조직과 회비관리 철저 결의 등)

7월 3일 4대강중단 범국민대회 참여

7월 4일 운동초심 29차 모임-임시총회 겸 수련회(2010년 상반기 진행경과 공유와 평가, 하반기 진행에 대한 의견수렴, 이세구 운영위원을 신임총무로 선임, 7월 공동실천으로 비정규 여성노동자 후원행사 집중 참여, 계양산 소송비용으로 5만원을 후원 결의, 8월의 초심이야기는 류형용 회원으로 확인, 정회원에 대한 회비관리 철저 결의, 안용국 회원이 발제하여 '6.2지방선거 당선자들의 임무와 우리의 과제' 라는 주제로 교양 등)

7월 10일 비정규직 여선노동자 권익개선을 위한 일일주점 참여

7월 15일 계양산 소송비용 마련을 위한 일일주점 참여와 후원

7월 27일 제20차 운영위원회(운동초심 29차 모임 겸 수련회-총회 평가와 30차 모임 준비 점검, 8월 공동실천으로 행시모가 주최하는 '8.15 특별 판넬전' 에 적극 결합과 5만원 후원 결정, 8월 초심이야기를 류형용 회원으로 확정, 장애우와 장애인이라는 표

	현에 대한 의견교환 등)
8월 8일	운동초심 30차 모임(운동초심 29차 모임 겸 수련회-총회 평가, 정회원 확인과 회비 납부현황 매 모임 시 확인 결의, 7.28 보궐선거 평가, 류형용 회원의 초심이야기 진행 등)
8월 15일	8.15연합판넬전 및 대동한마당 참여, 한반도 평화실현 8.15국민대회 참여
8월 19일	4대강의 생명과 평화를 위한 촛불기도회 참여
8월 24일	제21차 운영위원회(운동초심 30차 모임 평가와 31차 모임 준비점검, 9월 공동실천으로 마을사람들 후원행사에 적극 결합 결의, 31차 모임에서 '사회적기업에 대한 이해와 모색' 이라는 주제로 박세원 회원이 발제하여 교양 결의 등)
8월 26일	인천환경운동연합 일일호프 참여
9월 5일	운동초심 31차 모임(운동초심 30차 모임 평가, 9월 9일 보스호프에서 진행하는 마을사람들 후원행사에 적극 참여 결의, 10월 초심이야기를 이효윤 회원으로 결정, 박세원 회원의 발제로 '사회적기업에 대한 이해와 모색' 을 교양으로 진행, 사회적기업 추진위원을 11인 선정하여 '추진모임' 을 독자적으로 진행키로 결의 등)
9월 9일	마을사람들 후원행사 참여
9월 11일	월미축제와 4대강중단 국민대회 참여
9월 16일	4대강의 생명과 평화를 위한 촛불기도회 참여
9월 26일	인천 사회적기업 1차 추진모임
9월 28일	제22차 운영위원회(운동초심 31차 모임 평가와 32차 모임 준

비점검, 초심이야기를 이효윤 동지로 확정, 10월 공동실천으로 '2010 인천지역 민족민주열사·희생자 합동추모제' 에 후원단체로 참여하고 10만원을 후원하며 적극결합하기로 결정, 정기총회에 대한 의견교환 등)

10월 3일 운동초심 32차모임(운동초심 31차 모임 평가, 이효윤 회원이 병세 악화로 입원하여 초심이야기를 무기한 연기, 정기총회와 분리하여 송년회를 외부인사까지 참여하는 독자사업으로 진행키로 결의, 차기 초심이야기를 김덕중 회원이 진행키로 결의 등)

10월 7일 10월 평화사랑방–작전통제권, 군사주권 아니다–참여

10월 17일 인천 사회적기업 2차 추진모임

4대강의 생명과 평화를 위한 촛불기도회 참여

10월 26일 제23차 운영위원회(운동초심 32차 모임 평가와 33차 모임 준비점검, 11월 공동실천으로 11월 7일 오후 3시에 진행하는 '전태일 선배 40주년 기념 전국노동자대회' 에 적극 참여하고 운동초심 33차 모임을 진행키로 결의, 초심이야기를 김덕중 회원으로 확인, 정기총회와 송년회 준비점검 등)

10월 28일 2010 인천지역 민족민주열사·희생자 합동추모제 참여와 후원

11월 7일 '노동기본권 사수! 노동법 재개정! 비정규직문제 해결! G20규탄! 전태일 열사 정신계승! 전국노동자대회 참여

11월 7일 운동초심 33차 모임(운동초심 32차 모임 평가, 12월 5일 16시에 34차 모임을 진행한 후 이어서 17시에 송년회를 진행키로

	확정, 정기총회에 대한 의견수렴, 김덕중 회원의 초심이야기 진행 등)
11월 18일	4대강의 생명과 평화를 위한 촛불기도회 참여
11월 19일	실업극복과 걸식아동 후원주점 참여
11월 20일	카톨릭환경연대 후원주점 참여
11월 21일	걸으며 듣는 인천민주화운동사, 갈매기의 꿈 3주년기념식 참여
11월 21일	인천 사회적기업 3차 추진모임
11월 23일	제24차 운영위원회(운동초심 33차 모임 평가와 34차 모임 준비점검, 12월 공동실천으로 민중대회 집중 참여, 정기총회와 송년회 준비점검과 진행일정 등 확정-중간 점검하기로 함)
11월 28일	송년회 중간점검 모임
12월 4일	인천 평화와 통일을 여는 사람들 송년행사 참여
12월 5일	대우 비정규직 인천 집중집회 참여, 일부는 서울 민중대회 참여
12월 5일	운동초심 34차 모임(운동초심 33차 모임 평가와 제2기 정기총회 송년회 준비점검, 12월 공동실천으로 인천평통사 송년회와 12월24일 콜트악기 방문을 결의 등)
12월 5일	2010운동-초심 송년회(50여명 참여, 민중가요, 참가자 인사와 덕담, 음식나누기, 초심상과 노래상 수여 노래 및 장기자랑 등 진행)
12월 28일	제25차 운영위원회(운동초심 34차 모임과 송년회 평가, 운동초심 3차 모임 겸 제2기 정기총회 준비 점검, 1월 공동실천-대우비정규직, 2월 공동실전-김준일 금속노조 구미 지회장 후원

2011년 운동초심모임 진행 경과

2011년 1월 9일	운동초심모임 35차 모임 겸 제2기 정기총회(감사보고, 회비와 뒤풀이 비용 분리 결의, 임원과 운영위원 선출, 총무활동비 지급, 운영규정 제정, 분회 구성, 인천지역연대 결합 등 결의)
1월 16일	제4차 사회적기업 추진모임(이한구 시의원 초청 강연)
1월 20일	황재철–서병철 사랑나눔 음악회 참여
1월 24일	제26차 운영위원회(제2기 정기총회 평가, 1~2월 공동실천 결정, 초심이야기–이현구 회원, 운영규정 시안 검토, 정회원과 준회원 확인 등)
1월 27일	대우자동차 비정규직 투쟁문화제에 집중참여와 10만원 후원
2월 6일	운동초심 36차 모임(제2기 정기총회 평가, 분회모임 진행 결의, 운영규정 결정, 1~2월 공동실천 결의 등)
2월 18일	대우 비정규직 보고대회 참여
2월 19일	부평 족구친선대회에 출전과 참여
2월 20일	제5차 사회적기업 추진모임(강병수 시의원 초청 강연)
2월 22일	제27차 운영위원회(36차 모임 평가, 37차 모임에서 김영제 동지를 초빙하여 정세 강연하기로 결정, 3월분회모임 점검, 3월 공동실천–대우자동차판매노동조합 투쟁문화제 참여와 후원 결정 등)
2월 24일	한겨레두레공제조합 인천 발기인대회 참여
2월 25일	이명박 3년 폭정심판 국민대회 참여
3월 3일	인천지역연대 확대간부 워크숍 참여

3월 5일	국민참여당 인천시당 당원대회 참여
3월 6일	운동초심 37차 모임(36차 모임 겸 제2기 정기총회 평가, 깃발 제작 의견 수렴, '2011년 정세와 총선-대선 승리를 위한 우리의 과제' 라는 주제로 김영제 동지 초청강연 진행, 신현창 대우 비정규직 지부장 감사인사 등)
3월 8일	2011인천 3.8여성대회 참여
3월 9일	사회적기업 추진모임 탐방(평화의료생협, 탐방체계로 전환키로 결정)
3월 17일	대우자동차판매 투쟁문화제 참여와 10만원 후원
3월 21일	고 김미영 동지 추모행사 참여, 제6차 사회적기업 추진모임
3월 22일	제28차 운영위원회(37차모임 평가, 38차모임 준비점검, 깃발 제작에 대한 공모 결의, 분회모임 점검, 기수와 부기수 내정, 38차모임은 영야의 집들이를 겸하기로 결정 등)
3월 25일	대북전단 살포 중단 촉구 기자회견 참여
4월 1일	민주노동당 인천당원대회 참여
4월 3일	운동초심 제38차 모임(37차 모임 평가, 깃발제작 공모 공지)
4월 23일	부평 족구대회 출전과 참여
4월 26일	제29차 운영위원회(38차 모임 평가, 39차 모임 준비점검, 깃발 제출안 검토, 광주순례 적극 참여와 조직 결의 등)
4월 28일	대우자동차판매 노동조합 투쟁문화제 결합과 후원
5월 1일	세계노동절 인천 기념대회 참여, 운동초심 제39차 모임(38차 모임 평가, 5월 공동실천인 인천 5·3항쟁 기념행사에 집중참여 결의. 초심이야기-김기종 동지 진행 등)

5월 3일	5·3민주화운동 25주년 기념행사 참여와 후원
5월 8일	운동초심 제39차 모임(제38차 모임 평가, 광주 순례와 5·18 인천기념식 적극 참여 결의 등)
5월 14일	광주 순례
5월 18일	5·18광주민주화운동 인천기념식 참여
5월 19일	진보대통합 토론회 참여
5월 24일	제30차 운영위원회(39차 모임 평가, 40차 모임 준비 점검, 모임 장소를 민주노총 교육실로 결정, 6월 공동실천-콜트-콜텍-대우자판 투쟁기금 마련 후원행사, 깃발 시안 검토 등)
5월 25일	부평미군부대에서의 부평풍물대축제 시연회 참여
5월 30일~ 6월 1일	고 이효윤 회원 장례
6월 2일	인천환경운동연합 후원의 밤 참여
6월 5일	운동초심 제40차 모임(39차 모임 평가, 김기종-윤철우 회원 월회비 5천원으로 결정, 40차 모임 준비 점검, 깃발 도안에 대해 운영위로 결정 위임, 초심이야기-윤철우 준회원 진행 등)
6월 7일	6·15공동선언 11주년 기념 한겨레-인천 공동 심포지엄 '서해 평화와 동북아 경제협력' 참여
6월 9일	인천여성노동자회 하루주점 참여
6월 11일	인천시민 통일한마당 참여
6월 17일	콜트-콜텍-대우자판 투쟁기금마련 후원행사 참여
6월 22일	마을사람들 창립 4주년 기념 및 후원행사 참여
6월 28일	제31차 운영위원회(40차 모임 평가, 41차 모임 준비 점검, 초

	심이야기-윤경세 동지로 결정, 7월 공동실천-7.24평화협정체결 촉구행사 참여와 5만원 후원 결정, 깃발을 성효숙 동지에게 부탁, 42차 모임은 야외에서 몸 다지기로 진행 등)
7월 3일	운동초심 제41차 모임(40차 모임 평가, 7월공동실천 참가 결의, 2차 희망버스 참가 권장과 참가자들에게 5만원 후원 결의, 초심이야기-윤경세 분회장 진행 등)
7월 5일	부평미군부대 독극물 진상규명 촛불집회 참여
7월 9일	조국 교수 강연회 참여
7월 9일	정리해고 비정규직 없는 세상을 향한 2차 희망버스 참여
7월 24일	2011년 한반도 평화협정 실현 한마당 참여와 후원
7월 26일	제32차 운영위원회(41차 모임 평가, 42차 모임 준비점검, 몸 다지기 행사 집중 준비 점검, 초심이야기-이화규 동지, 고 이효윤 동지 딸 장학금 수여 추진, 8월 공동실천-부평미군기지 시민대회, 천막 일일농성 담당 등 결정)
7월 30일	정리해고 비정규직 없는 세상을 향한 3차 희망버스 참여
8월 6일	운동초심 제42차 모임 겸 몸 다지기(41차 모임 평가, 8월 7일의 부평미군기지대책위 일일천막농성 참가자 확인, 4차 희망버스 참가자 확인 등 진행 후 몸 다지기 행사를 정성준의 사회로 진행)
8월 7일	미군기지대책위 일일천막농성 담당
8월 13일	'부평미군기지, 안전하고 깨끗한 시민공원 만들기' 인천시민 3차 걷기대회 참여
8월 15일	광복 66주년 통일행사와 희망 시국대회 참여, 유시민과 함께

마이크에 참여와 정동근-황재철 발언, 박소영 준회원 미용실
개업식 참여

8월 23일　제33차 운영위원회(42차 모임과 몸 다지기 행사평가, 43차 모
임 준비점검, 공동실천-4차 희망버스, 박승기-끝짱 동지를
특별회원으로 승인, 류형용 회원에 대해 회원 내부 행사 외에
참여하지 않도록 규율 정리, '운동초심이야기' 출판 결정, 9월
중 깃발제작 완료 결의 등)

9월 4일　운동초심 제43차 모임(42차 모임 겸 몸 다지기 행사 평가, 9월
공동실천 확인, 강정마을 현수막 걸기 동참 결의, '운동초심이
야기' 12월에 출간, 초심이야기-이화규 분회장　진행 등)

9월 7일　맥아더동상 철거촉구 기자회견 사회 진행과 참여

9월 15일　'꿈의 공장'　관람

9월 24일　월미축제 겸 부평미군기지 4차 시민대회 참여

9월 28일　제34차 운영위원회(43차 모임 평가, 45차 모임 준비 점검, 공
동실천-2011 인천 민족민주열사 · 희생자 합동추모제, 초심
이야기-우경태 회원, '운동초심이야기'　출판준비위원 선정,
깃발을 추모제 포스터 그림으로 확정 등)

10월 2일　운동초심 제44차 모임(43차모임 평가, '운동초심이야기' 집필
자 확인, 부평구청장 지지방문자 확인, 초심이야기-우경태회
원 진행 등)

10월 4일　10 · 4 남북정상선언 4주년 기념 평화축제 조직위 결합과 참여

10월 5일　2012 선거관련 인천 간담회 참여

10월 9일　인천노동문화제 참여

10월 12일	2011 인천 민족민주열사 · 희생자 공동 주최와 참여
10월 25일	제35차 운영위원회(44차 모임 평가, 46차 모임 준비 점검, 11월 공동실천-삼화고속 지지방문과 후원, 초심이야기-최광식 회원, 출판기념회 일정 촉박 확인, 새로운 깃발을 제작할 때까지 현 깃발로 사용, 회비 미납자 납부 촉구 등)
10월 27일	인천 장애인 3개 단체 일일주점
10월 28일	한미 FTA 범국민대회 참여
11월 4일	신영복 선생 콘서트 참여
11월 6일	운동초심 제45차 모임(44차 모임 평가, 11월 공동실천과 번개 모임 확인, '운동초심이야기' 준비상황 공유, 송년회와 수련회, 총회에 대한 의견 수렴, 초심이야기-최광식 회원 진행 등)
11월 13일	전태일정신계승 2011전국노동자대회 참여
11월 25일	제36차 운영위원회(45차 모임과 11월 평가, 46차 모임 겸 제3기 정기총회 준비 점검, 출판 준비상황 총화, 송년 MT 준비 점검, 류형용 회원 모든 모임에서 음주 금지와 뒤풀이 불참토록 강제 필요성 제기 등)
11월 26일	인천평통사 후원의 밤 행사 참여
11월 28일	2012선거의 의미와 대응방안 토론회 참여
11월 29일	제37차 임시운영위원회(송년 MT 집중 점검, 제3기 정기총회와 '운동초심이야기' 준비 점검 등)
12월 3일 ~4일	운동초심 제46차 모임 겸 송년 MT
12월 12일	2012 인천시민정치행동 창립식 참여

| 12월 24일 | 콜트노동자들과 함께하는 송년미사와 후원의 밤행사 참여와 성금 전달 |
| 12월 30일 | 제38차 운영위원회(출판 준비상황 총화와 출판기념회 준비점검, 제3기 정기총회 준비점검 등) |

2012년 운동초심모임 진행경과

1월 8일　　운동초심 제47차 모임 겸 제3기 정기총회(2011년 사업 및 재정

　　　　　　　보고와 평가, 2012년 사업과 재정계획 결정, 임원과 운영위원

　　　　　　　선출, 회칙 개정 등)

1월 12일　 '운동초심이야기' 출판기념회

* 매월 해당하는 정회원의 생일축하와 선물 증정

* 매주 토요일 오후에 '행동하는 시민모임' 과 함께 동암역 북광장에서 '반

　뉴라이트, 반조중동, 4대강 반대, 민족정기확립' 등과 현안 문제를 중심으

　로 한 '판넬선전전' 을 번개모임으로 진행 중

* 인천지역연대에 2011년부터 참관단체로 결합 중

* 부평미군기지 인천시민대책위에 참가단체로 결합 중

* 매월 넷째 목요일에 진행하는 '4대강의 생명과 인천 앞바다의 평화를 위

　한 촛불 기도집회' 참여

* 2012 인천시민정치행동과 막걸리당에 참여

* '운동초심이야기' 출판준비모임을 13회에 걸쳐 진행

운동초심 회복모임 초청!!

일시: 2008년 3월22일(토) 오후7시

장소: 갈매기의 꿈(예술회관역 6번출구, 관교동 먹자골목, 032-433-2030, 011-386-5834)

참여대상: 운동(자신과 대중과 사회를 바르게 변화, 발전시킴)에 동의하며 운동초심을 찾고, 인간중심사회를 위해 참되고 열심히 살고 싶은 모든 이

첫째. 함께 민중가요를 힘차게 부르며!

둘째. 진솔한 각자의 심정을 토로하고!!

셋째. 운동성 회복 하는 희망의 술자리!!!

참가비: 1만원

초청 및 제안자: 영야 정동근(011-473-4720)

'운동초심회복 2차 모임' 초대!!

초대의 말

17대 대선에 이어 18대 총선도 참담하고 씁쓸한 결과입니다.

사상 최저의 투표율, 진보진영의 분열과 약화, 한나라당을 비롯한 보수진영의 압도적인 싹쓸이…… 어쩌면 많은 이들이 예견했던 예정된 현실입니다.

운동의 초심—민중이 주인 되는 자주평화통일조국을 건설하기 위해 사심 없이 단결하여 민중과 민족을 위해 투쟁했던 첫 마음—의 회복, 견지, 강화가 더욱 절실한 시기입니다.

일희일비할 필요도, 실망할 필요도, 더욱이 좌절하거나 절망할 필요는 없습니다. 우리 민중, 진보진영은 더 엄혹한 시절에 무에서 유를 창조했고 각 사업장에서 거리에서 대중과 함께 승리했던 소중한 경험과 역사를 간직하고 있습니다.

단, 그간에 배태된 분파성, 패권성, 관료주의, 나태, 안일함을 떨치고 운동의 초심을 회복, 견지, 강화하고 총 단결하여 철저하게 민중과 민족의 이익을 위해 복무하면 됩니다.

전국 방방곡곡에서 운동초심의 회복, 견지, 강화 바람이 일어나기를 희망하며 가칭 '운동초심회복' 2차 모임에 아래와 같이 초대합니다.

일시: 2008년 4월 19일(토)19시~22시

장소: 갈매기의 꿈(인천 종합문화예술회관역 6번 출구–광장 지나서 관교동 먹자길 삼거리 횡단보도 건너 30미터 지점 오른쪽 첫 골목, 032-433-2030)

목적과 취지: 민중, 민족운동의 초심을 회복, 견지, 강화하기 위함

진행: 1. 사귐과 단합(참가자 상호 인사와 민중가요 부르기 등)

2. 초심이야기(황재철 동지-전 인천지역노동조합 협의회 초대의장)

3. 자유토론(모임관련, 총선관련, 기타 제언 등)

참가대상: 모임의 목적과 취지에 동의하는 누구나

참가비: 1만원(식사, 술, 음료, 안주 등)

문의와 연락: 011-473-4720(영야 정동근)

‘운동초심 7차 모임’ 초대!!

고-소-영, 강부자로 일컬어지는 소수 부유층과 민생고에 허덕이는 대다수 민중들에 대한 2008년 대한민국의 추석선물!!

이명박 당선자 정부와 딴나라당은 2008년 추석을 5일 앞둔 9월 9일에 소위 ‘국민과의 대화’를 중심으로 다시 한번 분명하게 자신들의 통치계획을 천명하였습니다.

"9억 원짜리 이상의 부동산을 소유한 부자들의 세금을 대폭 감면해주겠다! 국민과 국가의 재부인 공기업을 외국인과 재벌들에게 헐값에 팔아먹겠다! 재건축, 재개발과 부동산 투기를 부채질하여 서민들은 영영 내 집 마련할 기회를 박탈하겠다! 정규직 노동자는 비정규직과 실업자로, 농·축산·어민은 무제한적인 외국산 수입으로 민중들을 1년에 2만 명에 육박하는 생활고로 인한 자살로 내몰겠다! 신공안정국을 강화하고 민족대결, 대립정책을 계속하겠다! 조·중·동 등 재벌언론들에게 언론의 무한독점권을 부여하겠다! 사대매국, 민족대결, 식민사관의 교과서로 교육을 시키겠다! 집회, 시위, 결사, 표현의 자유를 박탈하겠다! 개신교 중심의 종교편향정책을 지속하겠다!"

유엔헌장의 인권과 평등·자유의 기본개념이 무시되고 대한민국 헌법1조의 민주공화국과 주권이 국민에게 있음이 유린되고 있음을 목도하는 오늘의 현실……

소수 재벌과 기득권층을 위한 선진화, 대다수의 민중들에겐 노예적인 삶과 죽음을 강요하는 후진화, 철저하게 인간 중심이 아닌 자본 중심의 통치철학……

다시! 첫 마음으로! 인간 중심의 아름다운 세상을 향한 열정으로 준비합시다!!

지난 10년의 자유주의정부 시절에 배태된 분파성, 패권성, 관료주의, 나태, 안일함, 자유분방성을 떨치고 민중이 주인 되고 민족이 하나 되는, 평등과 자유가 어우러진 아름다운 공동체를 건설하기 위해 단결, 연대하여 "전국 방방곡곡에서 운동초심모임이 조직" 되기를 희망하며 '운동초심 7차 모임' 에 아래와 같이 초대합니다.

일시: 2008년 9월 20일(토) 19시~22시

장소: 갈매기의 꿈(인천 종합문화예술회관역 6번 출구-광장 지나서 관교동 먹자길 삼거리 횡단보도 건너 30미터 지점 오른쪽 첫 골목, 032-433-2030)

목적과 취지: 민중, 민족운동의 초심을 회복, 견지, 강화하기 위함(자신의 성실한 삶, 가족의 행복, 이웃과 더불어 아름다운 사회공동체를 위한 결의와 실천 모색)

진행: 1. 사귐과 단합(참가자 상호 인사와 민중가요 부르기 등)

　　　2. 초심이야기(김성호 동지-택시노동자)

　　　3. 자유토론(주제-민족민주운동 열사정신)

참가대상: 모임의 목적과 취지에 동의하는 누구나

참가비: 1만원(식사, 술, 음료, 안주 등)

문의와 연락: 011-473-4720(영야 정동근), 017-281-2216(총무 이광복)

'운동초심 22차 모임' 겸 "2009 수련회" 초대!!

(cafe.daum.net/ichosim)

"삼가 고 박종태 열사와 용산 철거민 열사, 김대중-노무현 전 대통령, 강희남 목사님의 명복을 빕니다. '이명박 살인독재정권 퇴진과 MB악법 저지,신자유주의 퇴출'을 위해 '진보진영이 총단결-통합', '범민주진영이 총연대', '전국민이 총궐기' 하여 투쟁하고 승리합시다!"

2009년이 저물어 갑니다!!─부자 감세와 서민생활의 파탄, 반민주, 민생악법의 제·개정, 친MB 극우·재벌 중심의 교육·문화·의료·경제 등 각종 사회정책, 언론과 검·경찰·입법·사법부의 권력 시녀화, 민주적인 시민·사회운동 진영에 대한 집요하고도 악랄한 탄압, 그리고 국민 사냥……. 쌍용차·철도를 비롯한 노동자들에 대한 무자비한 공폭력, 교사·공무원노동조합 탄압, 4대강 밀어붙이기와 용산참사에 대한 방치, 영세상인과 농민생존권 박탈, 거짓말과 탈법-위법-불법 투성이들인 총리와 장관들, 동족에 대한 압박, 제국주의 하수인적인 아프간 파병, 헌법조차 유린하며 선진화라는 미명하에 자본주의 민간독재를 넘어 파쇼체제로의 회귀…….

"여기 사람이 있다!!' "삶과 죽음이 자연의 한 조각 일진대……" "지금은 민중주체의 시대다. 제2의 6월 민중항쟁으로 살인마 이명박을 내치자" "행동하지 않는 양심은 악의 편이다." 두 차례 보궐선거의 교훈. 내년의 지방자치단체선거─진보진영은 총단결-통합하고 반2MB, 반딴나라당 진영은

238

총연대하여 반민주 · 민중 · 민족집단인 2MB와 딴나라당을 끝장!!

민중의 주인됨과 민족의 하나됨을 위해 사심없이 헌신, 분투했던 동지들이여!

이 땅의 양심 있는 청년, 학생들과 노동자, 농민, 빈민, 종교인, 지식인, 전문인 들이여!

민중과 민족을 위해 사심 없이 헌신했던 첫 마음―민주열사정신! 운동초심으로! 총단결하여 자본 중심이 아닌 인간 중심의 아름다운 세상을 향해 힘차게 나아갑시다!!

민주화운동의 첫 마음으로!! 민중이 주인 되고 민족이 하나 되는, 정치 · 경제 · 사회적 평등과 자유가 어우러진 인간 중심의 평화통일조국을 건설하기 위해 단결, 연대하여 운동의 첫 마음으로 실천하고자 하는 '운동초심 22차 모임 겸 2009 수련회'에 다음과 같이 초대합니다.

일시: 2009년 12월 19일 (토)저녁~20일(일) 오전

장소: 강화 초록마당(옛 초지분교) 032-937-4565

집결과 출발: 부평구청 주차장에서 1진은 오후5시, 2진은 오후 7시 출발

목적과 취지: 민주화운동의 첫 마음을 회복, 견지, 강화, 확산하기 위함(조국의 자주, 민주, 통일과 민중이 주인 되는 사회공동체를 위한 결의와 실천 모색)

진행: 앞풀이―사귐과 단합(참가자 상호 인사와 민중가요 부르기 등)

1. 참가한 성원확인과 개회

2. 민중의례(묵념, 임을 위한 행진곡 제창)

3. 2009년 진행경과 공유와 평가(전체모임, 운영위, 공동실천, 토론, 초심이

　야기, 재정, 카페, 여름수련회 등)

4. 총회

　1) 회칙제정

　2) 임원과 운영위원 선출

　3) 정회원과 후원회원 확인

　4) 기타-회비 등 결의, 2010년 진행에 대한 의견수렴 등

5. 뒷풀이-윷놀이, 노래부르기 등(함께가자 우리 이길을 제창)

6. 체육-산책-등산

참가대상: 모임의 취지에 동의하는 누구나

참가비: 3만원-가족은 추가 1인당 1만원(식사, 숙박비, 술, 음료, 안주 등)

문의와 연락: 011-473-4720(영야 정동근), 010-6242-2787(총무 오대현)

"2010 인천 운동-초심 송년회" 초대!!

3년 전 "민주-진보진영은 운동의 첫 마음을 잃고 분열과 패배를 자초"했습니다.

그 후과는 딴나라당 등 보수-반민주 진영의 득세와 엠비 당선으로 귀결되었으며 두 전직 대통령과 민족지도자의 죽음, 용산철거민 학살, 노동자-민중들의 생존권 박탈과 무자비한 탄압과 잇따른 분신으로 나타나고 있습니다.

부자 감세, 언론 장악, 쇠고기-4대강 밀어붙이기, 시대착오적인 반북 대결 정책에 따른 국지전 반발과 전면적인 전쟁 위기 등 반민족-반민주-반민중적인 행태로 일관하며 집권한지 34개월이 지나고 있는 시점 입니다.

3년 전 "열사정신-사심 없이 헌신했던 민주화운동의 첫 마음"을 회복-견지-강화-확산 하자라는 취지로 '운동초심모임'을 시작한 지도 34개월이 되었습니다.

올해는 부분적인 운동초심의 회복-민주진보진영의 단결과 후보단일화로 6.2지방선거에서의 작은 성과를 획득하기도 했습니다. 모두 고생 많으셨습니다.

엠비 집권 5분의 3이 지나는 시점에 '운동초심모임은 지나는 해를 회고하고 새해를 설계하는 작은 자리로 회원과 가족 그리고 가까운 민주인사 여러분을 모시고 송년모임을 아래와 같이 개최하오니 참석하시어 자리를 빛내주시면 감사하겠습니다.

일시: 2010년 12월 5일(일요일) 오후 5시~7시

장소: 갈매기의 꿈(인천 종합문화예술회관역 6번 출구-광장 지나서 관교동 먹자길 삼거리 횡단보도 건너 20미터지점 오른쪽 첫 골목, 032-433-2030)

주제와 내용: 2010 인천 운동-초심 송년회(인사와 덕담 나눔, 운동초심모임이 걸어온 길, 초심상 수여, 노래와 장기자랑 등)

참가비: 1만원 이상 자율

문의와 연락: 회장 영야 정동근(010-5473-4720),

　　　　　　　총무 이세구(010-631-0743)

* '운동초심모임' 정회원 여러분은 오후 3시 50분까지 도착하시기 바랍니다.

운동초심 40차 모임 초대!!

(http://cafe.daum.net/ichosim, 신한은행 110-304-748077 정동근)

인간중심이 아닌 자본중심 사회의 굴레에서, 명박-딴나라당 정권 치하에서 분노하며, 좌절하며 유명을 달리한 모든 분들, 특히 지난 5월 30일 운명한 80년대 엄혹한 시절에 노동현장에서 투신까지 하며 사심 없이 견결히 투쟁하고 후유증으로 고생하면서도 민중의 주인 됨을 향한 일심으로 '운동초심모임'의 회원으로 활동하던 고 이효윤 동지의 명복을 빌며, '민족이 하나 되고 민중이 주인되는 인간중심사회'를 위해 '진보진영이 대통합', '범민주진영이 총연대' 하고 야권후보단일화를 통한 민주-진보진영 승리의 깃발을 올린 인천의 6.2지방선거와 4.27 재보궐선거의 모범을 따라 '2012년 총선과 대선을 준비하여 딴나라당-2mb-반민중, 반민족적인 수구-자본-반민중세력 심판과 국민-민중의 확실한 승리'를……"

전국민이 일떠서 6월 민주화 대투쟁을 전개하여 국민직선제를 쟁취한 달!
6.15공동선언을 통해 우리민족의 평화와 통일의 이정표를 확정한 달!
일부 아쉬운 측면도 있지만 드디어 진보진영이 대통합의 깃발을 올렸습니다.
국민의 명령인 2012년 총선-대선 승리와 정권교체의 첫발을 내디뎠다 하겠습니다.
하늘의 명령, 모든 정치세력은 오로지 민중과 민족을 위한 초심으로 복무하라!!

뜨거운 달! 잔인한 달! 5월에 이어 6월도 기분 좋은 희망으로 맞이하며, 제도정치권의 진보-민주진영은 자만하거나 긴장을 늦추지 말고 초심으로 단결-연대-연합-통합-단일화의 교훈을 뼛속 깊이 각인하여야 할 것입니다.

민중의 주인 됨과 민족의 하나 됨을 위해 사심 없이 헌신, 분투했던 동지들이여!

이 땅의 청년, 학생들과 노동자, 농민, 빈민, 종교인, 지식인, 전문인, 상공인들이여!

우리 사회가 돈이 중심이 아닌 인간이 중심된 평등과 자유와 평화로운 정의사회가 구현되기를 그래서 모두가 행복한 사회를 염원하는 국민들이여!

민중과 민족을 위해 아무런 사심 없이 헌신했던 민족민주운동의 첫 마음-열사정신! 운동초심으로! 총 단결하여 자본 중심이 아닌 인간 중심의 아름다운 세상, 사회-정치-경제-문화적으로 정의롭고 평등한 세상을 향해 힘차게 함께 나아갑시다!!

mb-딴나라당 집권 40개월째, '운동초심모임' 40회째를 맞았습니다.

민주화운동의 첫 마음으로!! 민중이 주인 되고 민족이 하나 되는, 정치·경제·사회적 평등과 자유가 어우러진 인간중심의 평화통일조국을 건설하기 위해 초심으로 단결, 연대, 실천하고자 하는 '운동초심 40차 모임'에 다음과 같이 초대합니다.

일시: 2011년 6월 5일 (일요일) 18시(오후 6시)~20시(오후 8시)

장소: 민주노총인천본부 1층 교육실(부평시장 로타리 옆 부평역에서 5분
거리, 010-5473-4720)

목적과 취지: 민주화운동의 첫 마음을 회복, 견지, 강화, 확산하고 민족민주
운동열사 정신을 계승하여 실천하기 위함(조국의 자주, 민주, 통일과 인
간·민중이 주인 되는 사회공동체를 위한 결의와 실천 모색)

주요 진행:

1. 사귐과 단합(참가자 상호 인사와 민중가요 부르기 등)

2. 초심이야기-윤철우 회원(살아온 이야기와 질의응답, 조언 등)

3. 6월 공동실천과 번개모임 등 결의(주요 투쟁현장 결합과 후원 등)

4. 기타(6월 생일 회원 축하, 주요일정 공유 등)

5. 단결과 결의의 시간

참가대상: 모임의 취지에 동의하는 누구나

참가비: 1만원

문의와 연락: 010-5473-4720(회장 정동근), 010-6311-0743(총무 이세구)

운동초심모임 제2기 정기총회특별 결의문

우리 '운동초심모임' 은 2008년 3월 반민주 · 반민중 · 반민족적인 이명박-따나라당 정권의 출범과 진보-민주진영의 분열을 통탄하며 민주화운동 열사 · 희생자들의 염원과 희생을 되새기고, 민중과 민족, 민주사회를 열망하며 사심 없이 헌신했던 진보-민주진영 운동의 첫 마음을 회복-견지-강화-확산 할 것을 결의하며 '운동초심회복모임' 의 명칭으로 출범하였다.

출범 초기에는 모임의 참여자들이 자발적으로 운동의 첫 마음을 회복하고 견지, 강화하는 데 초점을 맞춘 개연성의 모임, 즉 조직형태를 갖지 않는 것을 원칙으로 하였으나 점차 참여성원들이 자주적으로 조직적인 모임과 실천을 수행하며 모임에 정착하는 회원들이 형성되었고 드디어 2009년 12월에 22차 모임 겸 수련회-창립총회를 개최하며 회칙 제정과 임원-운영위원을 선출하고 정회원제도를 도입함으로써 조직으로서의 '운동초심모임' 으로 진화하였다.

그간 우리 '운동초심모임' 은 출범 이후 매월 정기모임과 운영위원회를 빠짐없이 개최하고 회원들의 초심이야기, 민중의례와 민중가요 제창, 교양 등을 진행하였으며 운동의 첫 마음을 회복-견지-강화-확산함과 아울러 나름대로 민중의 생존권투쟁과 민주화운동, 민족화해와 통일운동 현장에 힘께하였으며 공동실천과 번개모임 등을 진행하여 지역-민중-민주투쟁에 동참 · 연대 · 후원해왔다.

특히 2010년을 맞이하며 이명박-따나라당 정권의 중간평가이자 진보-민주진영의 2012년 총선과 대선의 교두보로서의 중요성을 엄중하게 인식한 우리 '운동초심모임' 회원들은 6.2지방선거에서 인천지역 진보-민주진영의 단결과 연대, 후보단일화를 위해 일익을 담당하였으며 작은 역량이나마 혼신의 노력으로 야권단일후보 당선을 위해 지역선전단과 선거운동원 등으로 적극 결합하여 실천하였다.

2011년은 철저하게 미-일사대주의와 민족대결정책과 전쟁책동, 부자만을 위한 민중생존권박탈정책을 비롯한 반민주적인 각양각태를 뿌리내리고 있는 이명박-딴나라당정권의 4년차를 맞는 시기이자 2012년 총선과 대선을 앞둔 중요한 시기임을 각인하고 우리 '운동초심모임'은 2기 출범을 맞이하여 제2의 진화를 통한 진보-민주진영의 승리를 예비하는 해로써 2011년 신묘년을 맞아 '운동초심모임' 제2기를 출범하며 다음과 같이 결의한다.

하나. 우리 '운동초심모임' 회원들은 운동초심을 회복-견지-강화-확산하는데 최선을 다할 것을 결의한다.

하나. 우리 '운동초심모임'은 사회의 민주화와 민중투쟁현장, 민족의 평화와 자주통일을 위해 헌신할 것을 결의한다

하나. 우리 '운동초심모임'은 진보-민주진영의 통합과 단결, 연대와 공동실천을 위해 적극 노력할 것을 결의한다.

하나. 우리 '운동초심모임'은 2012년 총선과 대선을 민주-진보진영이 승리할 수 있도록 최선을 다할 것을 결의한다.

2011년 1월 9일

'운동초심모임' 제2기 정기총회 참여자 일동

운동초심이야기

2012년 1월 10일 초판 1쇄 인쇄
2012년 1월 16일 초판 1쇄 발행

지은이 | 강태욱 우경태 윤경세 이화규 정동근 황재철
펴낸이 | 김영호
펴낸곳 | 도서출판 동연
편   집 | 조영균 디자인 | 이선희 관   리 | 이영주
등   록 | 제1-1383호(1992년 6월 12일)
주   소 | 서울시 마포구 망원2동 472-11 2층
전   화 | 02)335-2630
전   송 | 02)335-2640
이메일 | ymedia@paran.com
홈페이지 www.y-media.co.kr

ISBN 978-89-6447-165-4 03200
Copyright ⓒ 정동근 외, 2012